学歴社会は誰のため

勅使川原真衣

Teshigawara Mai

PHP新書

はじめに

ある日の小学生の自慢話

「ねぇ、いまからお父さんとお母さんの中学からの学歴を一人ずつ言っていこう。私からね。お父さんは開成、東大、マッキンゼー、社費留学でハーバード・ビジネス・スクール……はい、勅使川原くんどうぞ」

ある日の都心にある公立小学校の休み時間での出来事です。

当然私はその場に居合わせたわけではありませんが、当時小学校中学年だった息子が帰宅するなり、「ねぇねぇお母さん、シャヒリュウガククって知ってる？　マッキンゼーって知ってる？」と尋ねてきたことから、何やら子どもたちが白昼の公立小学校でそんな話をしていたと知ったのでした。ていうかその子、「学歴を言っていこう」と言いながら社歴まで折り混ぜて、どんだけませてるの……親も幼子（おさなご）の前で普段どんな会話してるの……。

ちなみにこの会話は、「お母さんの中学、桜蔭（おういん）とかじゃないから皆知らないってよ」と息子に言われて終わりました。失礼な。さて、

学歴――そう聞いて、何を思うでしょうか。

学歴主義社会、学歴差別、学歴信仰、学歴自慢、学歴コンプレックス、学歴フィルター、学歴ロンダリング、最近だと学歴厨（ちゅう）（学歴に執着する人を示す俗語）……などが浮かぶかもしれませんね。概して、穏やかではないものが多そうです。

また、湧き上がる感情も悲喜こもごもと言いますか、複雑な様相です。学歴と聞いただけで「またその話か……」と拒否反応を示す人もいれば、杵柄（トロフィー）としてよりどころになっていて、武勇伝が止まらない人もいます。「こんなくそみたいな主義のせいで、自分は正社員として働けたことがない」と涙する人もいるし、今日も会社のデスクで採用応募者の学歴を見ながら、1次スクリーニングに励む人だっているでしょう。かと思えば、自身の華やかな生い立ちを子どもにも継がせたくて、小学校受験に向けて「クマ歩き」の練習をさせている親御さんもいれば、小学生は学歴厨のユーチューブの配信を観ては、聞き慣れな

イマシカ氏の YouTube より

い大学名を耳にするたびに「どこだよそれFランじゃ～ん」と揶揄（やゆ）して笑っている……なんてことも。

このように、学歴というものが、多様な立場の人に多様な感情を抱かせる存在であることは間違いありません。生死を分かつ、とまではいかなくても、人生を左右しかねないもの。感情を揺さぶる事象であり、勝っても負けてもむきにならざるをえない話と言えます。

だからと言って本書では、学歴論を物々しく、センセーショナルには扱いません。淡々と現在地を確認したうえで、今後の向かう先を朗らかに照らしたいと思っています。

「あるべき学歴社会」は語らない

というのも、皆が延々かつ侃侃諤諤と議論しているような話題。こういったことは十中八九、利害のコンフリクト（対立）がつきまとっています。

学歴論で言えば、誰かは学歴で得をしている一方で、誰かは学歴で割を食っている。そういう状況ではないでしょうか。

この状況というのはトリッキーです。なぜなら、多くの市井の人びとの関心は自ずと、学歴の損益分岐点のようなものや、高学歴を効率よく手に入れるためのライフハック的な情報が気になって当たり前になってしまうからです。のちに詳述しますが、実際に巷の学歴論争の多くはこの損得計算に基づく有用・無用の綱引き状態が散見されます。

しかしそれでは、学歴が労働を採配する仕組みそのものを見直し、代案を示すことが無力に思えてしまうような気がして、心配しています。

いや、学歴論をしかと研究してきた先人がいるじゃないか？　と思われた方もいると思います。もちろんです。この「得」や「割を食う」状態の起源やメカニズムなどというのは、学術的にも研究がされてきています。

「もともと個人的なものである学歴が、どのようにして社会的なものに変わっていくのか。いいかえればどのようにして人々を社会的に評価し、ある序列のなかに位置づける役割をはたすようになっていくのか」

このようにとっくの昔に、教育社会学の巨人とも言うべき天野郁夫氏は『学歴の社会史　教育と日本の近代』[*1]で問い尽くしていますから。

学歴の意味付けや、経済的な達成を意味する「効用」、そもそも学校で教えることは職業にどのくらい関連しているのか（職業的レリバンス研究）などは連綿と続いています。

しかし次の3点については、問い尽くされていると言えるでしょうか。

1つ目は、社会の分断を煽る（あお）のではなく、包摂のための論争・研究になっているか？という点です。学歴論はいまの構図のまま解剖すればするほど、社会の分断を煽りかねないというアイロニーを抱えています。客観的かつ社会「科学的」に学歴について紐解こうとすればするほど、受益者と被損者との線引きを明らかにすることになってしまう側面が否めないからです。

じつに皮肉なことですが、「分析」とは分けることからしか始まりませんから。間違っても「分析なんてしなくていい」と言っているのではありません。ただ冷静に考えるべきは、学歴の損益分岐点を明らかにすることが「分析」なのかどうなのか？　です。いま以上に、「高学歴」を〝良し〟として、そこへの到達の道筋（適応策）をハックしようとし続けることは、学歴という分断の軸に「エサ」をやることにもならないでしょうか。議論の矛先が、案外「あるべき（正しい）学歴社会」の検討になっていないか？　という視点は不可欠だと考えます。

2つ目は、学歴でその後の人生において得をしたと感じたり、損していると感じたりというのはありますが、その損得の前提はあくまで企業を中心とした賃金労働である点です。令和のいま、さすがに企業における雇用だけが仕事だとはいよいよ思えないなか、企業に雇用されることとありきで、いい会社への切符としての学歴の良し悪しを語ることにいかほどの意義が残されているのか？　考えなくてよいのでしょうか。いい学校がいい会社の入り口である前提こそを問い直すことが求められているのではないか。私はそう考えており、本書ではこの点にも斬り込もうとしています。

そして3つ目に、学歴論を世間に向けて語る立場／チャンスを幸運にももっている者は皆、（私を含めて）その特権性によくよく自覚的なうえで学歴論を論じないと、いかに的を射た話をしようとも、対岸の火事感が否めないという点です。多くの人にとって学歴から職業への移行というのは経験者、もっと言えば当事者です。そのうえで、学歴社会について「中立」に「正しい」論をいかに展開しようとも、厳しい言い方ですが、高みから論じられる人はそれだけ既存のシステムに適応してきた証左であり、その意味で特権的であることになります。

つまり、いかに「正しい」手続きで学歴論を述べようとも、教育論が神話的で、時に世間から印象論で一蹴（いっしゅう）されがちなのは、この点が作用しているような気がするのは私だけでしょうか。既存システムありきの適応策に終始せず、いまこそむしろ「学歴を無効化」するための方策を考えませんか。ヒントは、学歴に特別な意味が付与される現場である「労働」にあると私は考えています。

繰り返しますが、本書は学歴社会の是非を問うことを目的にはしません。私のような野良で労働を研究する者としては、学歴論の基本的な系譜を辿りつつ、多様な人の損得が入り混じった状態にあることを認めたうえで、

・ならば今後も、現状の延長線上にある学歴論議を続けていていいのか？
・侃侃諤諤の議論をしたり、お金と時間をかけて調査や提言を進めたりするのであれば、別の方向についての検討も進めたほうがいいのでは？

といったことを、教育社会学×組織開発の見地から示せないか？　と模索しているわけです。

先に述べたとおり、皆が皆、当事者であり、それぞれの「正義」（立場）から発言するので、絶えず再帰性（自分の過去の振る舞いを反省的に捉え直して、それを反映させながら自分自身を変化させていくこと）[*2]を問われているような状況です。

ただここらで、私はあえて扉を開こうとしています。誰かが逃げずに、またポジショントークにならないよう自身の特権性に自覚的になりながらも、令和のいま、しかと学歴論について整理し、学歴論争に無為に「エサ」をやり続けるのではない道を考え、未来を描くことは喫緊の課題だと思えてならないためです。

ちなみに自身の特権性で言うと、私もこうして本を書かせてもらっていますが、学歴がなければ最初のチャンスを与えられなかったのも事実でしょう。だから私とて、アンビバレントな思いに引き裂かれそうなのですが、利権に縛られず、かつ、学歴とその後の職業世界をある程度知る者の使命だと勝手ながら思い、筆を執る次第です。

人間の弱さと向き合う旅

よって、

「学歴社会の何が問題なのか?」
「学歴は結局のところ必要なのか?　どうなのか?」

などと問うことはしません。先達（せんだつ）が生んだ貴重な知見は紹介しますが、本書はむしろ、

・あてにならない、不公平、能力と関係がない、学歴どうこうと語ること自体が古い……だなんだと散々言われながらも、「学歴社会」が一向になくならないのはなぜなのか?

・誰もが包摂され、生かされた命を全うするために、いまこそ教育から労働を通貫して議論されるべきテーマは何か？　そのために学歴社会論はどう廃れていくべきか？　その際の代案はあるのか？

を問います。

目の前の方々、あるいは未来の人に向けて、誠実でありたいと私は思い続けています。揺れ動く気持ちを隠して、論をきれいにまとめようとするのは、じつは私の中の「不安」や「傷つき」といった弱さにほかならないと考えます。

その意味で、本書は学歴論を入口にしていますが、通奏低音として流れるのは、学歴をはじめとしたトークン（表象、記号）、わかりやすさに頼りたくなる人間の弱さです。そこも感じたうえで、未来をともに構想できたら著者冥利に尽きます。

モヤモヤをきれいさっぱり晴らし、排他的に「分けて」、序列づけ、ものごとを「分かった」気になる世界観ではなく、すべての人の生存権が尊重され、生き抜くのではなく生き合う社会のために、教育と労働の双方でできることは何か？　どうぞお付き合いくださると幸いです。

本書の射程と構成

第1章でまず、何はともあれ学歴とは何か、学歴主義社会とは何かを整理します。拙著を読んだことがある方はご想像のとおり、身分制度以降の配分原理としての「能力主義」をおさらいすることになります。その「能力」のなかでもなぜ、学歴が代理指標となったのか? についても解説しましょう。なぜ学歴に反応してしまうのか。アンビバレントな感情を抱くのはなぜなのか。学歴を必要とした社会の構造が浮かび上がればと思います。

第2章では、学歴論とは何かについて、巷の学歴論言説および先行学術研究を追いかけます。

そのうえで第3章では、学歴論争がそもそも成立する要件を整理することで、死角とも言える点について私なりの視点を提示します。学校を卒業したあと、人生で大きな意味をもつ仕事について、ミクロ・マクロを行き来しながら、これまでの学歴論議で埋もれてきた点をあぶり出すことが狙いです。

第4章では、現状の学歴論争が成立する要件を踏まえ、突破口を段階的に示します。第

3章末で扱う、学歴にまつわる「問い」を変えていく必要性について、具体的な実践の糸口を見出します。

最後に第5章では、従来の学歴論争を超えた、「脱・学歴社会」の事例を紐解きます。肩書ではなく、多様な人が組み合わさることで創発していく様を描きます。競争ではなく、「共創」する先導実践と言ってもよいでしょう。企業の取り組みを紹介しながら、学歴という情報に頼らない社会を描くものの陥りやすい罠(わな)にも言及します。

そうして応えていきたいと思います。

――「学歴社会は誰のため」なのかと。早速まいりましょう。

学歴社会は誰のため　目次

第2章　「学歴あるある」の現在地

第3章　学歴論争の暗黙の前提

第4章　学歴論争の突破口

第5章　これからの「学歴論」――競争から共創へ

おわりに

第1章

何のための学歴か？

学歴とは何か？　学歴社会とは何か？

ガクレキ。それはこう定義されます。

「その人が受けた学校教育の経歴。どの学校でどのような課程を修了したかを指し示すもの。とくに、どの程度の学校を卒業したかによって、教育を受けた範囲や内容を表現する際に用いられます」（『広辞苑』第七版〈岩波書店〉）

……でしょうね、というか、「学校教育の経歴」という表現そのものにはなんの変哲もありません。強いて言えば、「どの学校で」「どの程度の学校」とあることから、学歴＝学校歴が含まれていることは特筆すべき点でしょう。本書でも「学歴」を「学校歴」を含む形で用います。ただこれだけでは、「はじめに」でさらったようなアンビバレントな気持ちには程遠く感じます。

そこで「主義」という言葉をくっつけて「学歴主義」とするとどうでしょう。ちなみに

「主義」とは平たく言うと、その社会が「基準」とする考え方や価値観、社会システムを指します。

ガクレキシュギとは。

「学歴が人びとの職業的成功、社会的地位を決定する中心的な役割を果たす社会を指す」〈『社会学辞典』〈有斐閣〉〉

「社会において、学歴が人の価値を評価する重要な基準となっている状態」〈『広辞苑』第七版〈岩波書店〉〉

あぁなるほど、学校教育のたんなる経歴の話が「人の価値」の基準になると……。これは聞き捨てなりません。まずもってこう思います。いったい全体、「人の価値」ってなんでしょうか。それを値踏みする力を学歴にもたせた学歴主義って、なんでしょうか。がぜん気になりますが、この主義に社会が合意した状態が「学歴社会」です。１９６０年代にはすでに新聞においても「人間の値打ちが、人格とか能力・技術など、その人間の内側にあるものとは直接には無関係な、学歴という一種の肩書で決定される〝学歴社会〟[*1]」と記述されています。

人の価値を「評価」する？

天は人の上に人を造らず、天は人の下に人を造らず——福澤諭吉の言葉であることはあまりに有名ですが、要するに人は皆平等なのだと、幼いときに私も教わりました。「人の価値」に貴賤はないということのはずです。[*2]

でも誰もが知る学歴主義・学歴社会という言葉を紐解こうとしたら、これまた誰もがしばしば耳にする「人の価値を評価する」という話にぶち当たりました。一人ひとりの命に貴賤はないはずですが、あたかも上等なものとそうでないものがありそうなニュアンスの漂う「価値の評価」という言葉。これが意味するものを解きほぐしたいわけですが、私はここで、その是非に焦点化するのではなく、

そもそもなんで「人の価値」を「評価」しなきゃいけないんでしたっけ？

という点から掘り下げてみようと思います。

なんのための「評価」――配分原理としての能力主義

誰かが誰かの「価値」を「評価」しないと、なぜいけないんでしょうか。拙著を何冊かお読みの方には恐縮ですが、人が人の「価値」を序列づける根本的な背景を考える際には、能力主義の理解を避けては通れません。よって重複した議論になることをご容赦願いつつ、能力主義の基本概念を紐解いておきましょう。

非常に明快な話です。お金も土地も食料も……有限です。だから分け合って生きなければいけません。となると問題は、それをいかにして分けるか（配分）になりますが、かつての身分制度の時代は、名家出身者などの権力者には多くをあげましょう、とかいうことがまかり通っていたわけですね。配分といっても力の大きさ（既得権益）に隷属する形です。

しかし社会の進歩とともに、「本人がどうすることもできない、つまり『生まれ』で持てる者と持たざる者が決まってしまうのは不平等ではないか？」との疑問が湧いてきます。じつに民主的な響きです。

そして近代化に伴い、廃藩置県、四民平等が公布され、身分制度は廃止されました。と同時に、代々就いている職業も違えば、当然所有している財産にも差があるなかで、どうすればできるだけ不満の出ないように、納得感を担保しながら、平等に配分できるか。この課題にいよいよ光が当たるようになったわけです。[*3]

こうして誕生したのが、努力を含む「出来」（＝能力）によって、分け合い、つまりもらいの多寡を決めましょう、とする能力主義でした。

頑張れて、人よりできることが多い人、つまり「能力」が高い人こそが、「価値」が高い人である、と。そしてこの、「価値」が高い人が多くをもらうべきである――とするロジックは、現代社会でおよそその理屈を疑われることなく21世紀を迎え、いまだに私たちの社会システムの中心的な運用基準（＝主義）となっています。

個人の「出来・不出来」を把握し、他者と比較したうえで、序列／優劣をつけることで、取り分に傾斜をつけることを合理化するのです。繰り返しますが、すべては限りある資源のため。本当は大盤振る舞いしたいところですが、支援やケアする対象は能力によってやむなく「絞られる」わけです。

と同時に、近代化以降、「もらい」とは、多くの日本人にとって、仕事をすることで得る対価（給与などの報酬）を指します。自分で商売をする人もいれば、企業に雇用されながら、給与所得の形で「もらう」ことがごく当たり前になりました。その配分される給与をもとに、買い物に行って食品を得るし、お金を出して不動産会社から土地や建物を購入したり、借りたりする。いまの私たちにとってごく当たり前の社会システム、インフラとも言えます。

ちなみに先ほど、「およそその理屈を疑われることなく」と述べましたが、正確には一部に疑ってくれる学問も存在しています。

それは私も修めてきた教育社会学です。それでも一般的に言えば、この「できる人」「価値の高い人」が多くをもらえば文句ないでしょう？　という能力主義のロジックよりも人びとの納得感を誘う論理は、いまだ見出されていません。

今日も会社では、「誰が『できる人』なのか？」で評価がなされ、給与やボーナスといったもらいの多寡、言い換えれば個人の「稼ぎ」（配分）が決定されていますから。

「価値の評価」に向け「能力」を測定せよ

さて、ある人の能力の多寡が、もらいの多寡にそのまま影響する話をしてきました。「人の価値の評価」がなぜ必要なのか？　の一端を能力主義という社会配分原理を使って解説してみましたが、まだ気になることがありますよね？

・誰かが誰かの「価値」を「評価」しないと、なぜいけないんでしょうか。

に次いで、

・誰かが誰かの「価値」を「評価」するって、可能なんでしょうか。

という問いです。ここで、為政者や権力者が「いやー『能力』なんて測れないんですよ～」とは言うはずがない点に着目しましょう。社会の分け合いを決めるロジックとして公明正大に「能力」を据えている以上、個人によって多寡があり、多寡は測定ないしは見極め可能な前提です。

でもその「能力」の多寡は、しっかり、きっちりどうやって測るんでしょうか。「能力」と書かれた液体か何かが脳内にあり、それを一度取り出して、メスシリンダーか何かに入れて多寡が測れればいいのですが（よくはないか）。

このもらいの多寡を決定するらしい「能力」。じつはこの目で見たことのある人はいません。皆が皆「能力」「コミュ力」「リーダーシップ」「主体性」だなんだ……と騒いでいますが、同じものを同じイメージで想像して話しているのかどうかすら、わからないのです。

そんな仮構的な概念を基にして、あたかも満を持して登場したかのような「能力」。これを測定（断定）し、他者と比較し、個人の有能さを客観的に証明する――なんていうのは、はなから SF 級の物語なのです。もう一度申し上げますが、社会秩序を保つために発明された配分ロジックなのですから。評価者の目線や周囲との相対的な見え方の揺らぎなど、いわばプリズムのような存在。換言すると、文脈依存的な揺れ動く存在なのです。

さぁてどうしましょうか。多くを得るべき人とそうでない人を決めないと、限りあるリソースを前に、全国民を満足させられそうもありません。際して、能力の多寡を測り、周囲に示して納得を得たうえで分配していくことが不可欠です。

では、ある個人の能力というのは、いったい何で測られているのでしょうか。もとい、測ったことにしていいるのでしょうか。

こうして「能力」は測られる！

ここで威風堂々と参照されるのが、次の2つの概念です。

（1）過去の業績
（2）いまの実力を可視化するトライアルや試験結果

この2つが、幻の「能力」を証明する観点だと、社会が合意します。どういうことか。その仕事をするための能力を有しているのかどうなのか。過去に積み上げがあれば、その人ができることの価値（＝能力）を信じられますよね。さらには、過去の杵柄であっていまは全然ダメ、ということもなきにしもあらずですから、現時点の実力を直接的に測る「入社試験」や、免状のような資格制度、スポーツで言えば試合も同じことです。平たく言うと、「その仕事に就いてやっていけそうか？」は、「過去の頑張り」と「いまの実力」の両方を把握してこそだと私たちは信じてやってきているのです。つまりこういうことです。

出来がいいのは誰か？　＝　能力が高いのは誰か？　＝　価値が高いのは誰か？　＝　多くの金を渡すに値するのは誰か？

を知りたい私たちの必需品が、過去の業績であり、試験（試合）結果というわけなのです。

こうして把握したとされる「能力」を基に、取り分が納得性高く決定されれば、社会は安泰。だって、出来のいい人は、

「やっぱり努力したもんな」

「もともと自分って頭がいいんだよな」

などと回顧しながら、自己を肯定し、より高みをめざして競争を続けます。競争する限り、負けたくはないので必死で努力し続けることでしょう。美しき「全力投球」「根性」!!（念のため、皮肉です）。

他方で、出来が悪いとされた人たちは苦々しい思いをしつつも、日々、目の前の仕事を一生懸命こなすでしょう。仕事をしないと生きていけない社会ですから。仮になんで自分ばかりこんな生活を……と頭をよぎっても、自ずとこんなことが浮かんでくるかもしれません。先の人たちと自分を比べて、

「まぁ自分は努力が足りなかったもんな」
「敗者に口なしだよな」

と考え、あけすけに下剋上を挑むようなことは極めて考えにくい。ゆえに、社会秩序の安定を考えるに能力主義というのは、希代の発明というわけです。

学校という装置

さて、過去の業績と試験結果と聞いて、何か思い出すことはないでしょうか。業績と試験……成績とテスト……あれ？　学校の話？　と思われた方も少なくないかと思います。もらいの多寡を決める正統なロジックとして近代化の過程で登場した能力主義。その目には見えぬが影響力抜群の能力主義なる配分原理を、実装させる社会装置としての学校……シナプスがつながってきているでしょうか。

学校とはまさに、できることを増やす場所であり、何はどのくらいできて、何の出来はあまりよくない……などと「達成」を測り、能力のお墨付き（成績）を得る場所でもあります。自己の能力を知り、他者から評価され、序列化される。社会における立ち位置のようなものをつかまされ、社会に出ていかに生きるかの礎（いしずえ）となる。これぞまさに人びとが「教育」と呼ぶものの権化（ごんげ）であり、ライフステージ的に言えば、人の能力主義との最初の出会いは、往々にして学校です。

ただ、学校の何がすごいかと言うと、こうした教育の理念やプロセスそのものだけでは

ありません。先ほど、「能力」とは、

（1）過去の業績

（2）いまの実力を可視化するトライアルや試験結果

という過去と現在について知ることで、正確に把握できたことにする前提があるとお伝えしました。しかし、学校においてはここからさらに「未来の予測、水路づけ」まで行なうからすごいんです。もとい、怖いくらいの存在と言えます。どういうことでしょうか。

学校が仕事に直接つながる日本の教育

多くの人の人生は、学校（教育）から仕事へと連綿とつながっていくわけですが、学校の本当のすごみは、「進路」を決定づける力をもっていることです。勉強の出来がとびきりよければ、入るのが難しいとされる難関校をめざすものです。それが仮に高校だとしたら、その後も学びの遍歴を積み重ね、そして次なる学校段階である大学の入学試験にチャレンジすることでしょう。

他方で中学でグレて勉強に身が入らず、昼夜逆転した生活をして出席日数も足りず、読み書きもやっと……ではいわゆる名門難関高校には進学できません。となるといまの社会において中卒で、正社員としていきなり働ける口は狭いものですから、何らかの非正規雇用の形で働きに出るか、入試倍率の低い高校に進む人もいるでしょう。

さて、そうした足跡に対して、こう思う人もいるかもしれません。

「頑張ってこなかったんだから仕方ないんじゃない？」

と。しかし、このことの本当のエグさは、次のような問いから深掘り可能です。

「じゃあ、頑張ろうと思ったときに社会は頑張らせてくれるのか？」

皆さんはどう考えますか。つまり、何らかの事情で学童期に勉強がままならず、能力が低いと見なされた子が、「もう勉強はこりごりだ！　高校も大学も行かない！」といきなりたって15歳で社会に出たとします。ただ、人も環境も絶えず変化していますから、何かのきっかけで、「財務省に入って日本の経済をよくするんだ！」と思い立つ可能性もあります。

しかし、学歴主義のある種の世知辛さは、こういった人生の「路線変更」「ギアチェンジ」に際して露呈します。つまり、野望を表明したところで現実世界は、その言葉を額面どおりに受け取るほど人の能力を信用しかねるのですね。

「本当に頑張れる人なら、もっと努力と実績を積み上げてきているけど？」と言い放つ威力を学歴主義は内包しているわけです。仕事の難易度に加えて、多くの人がその仕事をしてみたいと願うのなら、当然そこには選抜が行なわれます。となると、周り（社会）はある程度の努力の痕跡や実力の証明がないと、大勢の中から「なぜあなたがこの仕事をするのか？」の説明がつかず、認めるわけにはいかないのです。

そうして学校から仕事へと「順当に」進路が水路づけられるよう、過去の積み重ねと現在の実力が学校教育というライフステージで絶えず問われ、鍛えられます。そうやって、厳しくも正当性をもって仕事が振り分けられていく――これぞ日本の教育システムであり、それと接続する就職システムの基本形と言えます。

爆誕、学歴社会

さぁ、やっと学歴の話に戻ってきました。少し入り組んだので、箇条書きで整理しておきましょうか。

・日本では身分制度に代わり明治維新以降、能力によって分け合いを決める能力主義が社会配分原理として勃興した
・身分制度よりも人びとの納得性が高く、かつ競争し努力し続ける国民を生み出すことに成功した
・が、肝心の能力というものをこの目で見たことのある人はいない。見たこともなく、正確に「測る」こともできないものを、配分原理に据えたものだからさぁ大変
・人びとからぐうの音が出にくい、能力のトークン（象徴）が何かしら必要になる
・能力の中身やその測り方はさておき、とりあえず皆が通る道である学校をベンチマーク（基準や目安にすること）すれば、その人の過去の頑張りもわかるし、いまの実力もわか

りそうだしいいんじゃない？　という案が生まれる
・学歴、つまり、どのレベルの学校で、何をどこまでやってきた人なのか？　を能力の化身と見立てれば、非常にわかりやすい！
・分け合いを決めるうえで人生の一大事である職業選択、労働においても、入口はその学歴とやらで判断して差し支えないだろう（⬆イマココ）

こうして学歴社会——「社会的地位への人員の配分や社会的報酬の配分に際して学歴を重視することを学歴主義といい、学歴主義が優勢な社会」[*4]——が爆誕するわけです。

絡まる利害、評価のし合い

学歴社会が最高、最善の社会システムかどうかはわかりません。いつの時代も何であれ、ああだこうだと欠陥を指摘されるものですが、かといって、次の素朴な気持ちに反論できる人はいるでしょうか。

「お金をもらってやる仕事（プロフェッショナル）をするうえで、努力し続けられる人で
かつ、仕事を全うするうえで必要水準以上の能力はもっていてほしいんですが……」と。

たとえば「やる気はあるけど勉強したことはありません♪」なんて医者がいたら、患者
からしたら絶対に嫌でしょう。弁護士もしかり、他のもろもろの職業もしかりだし、政治
家だってちゃんと実績といまの手腕を見極めたいですよね。
だって、その仕事の先にいる顧客・サービスの受け手としては我が身に降りかかってく
る話なわけです。つまり、能力主義の問題は誰にとっても自分事で、その利害というのは
互いに絡み合っているのです。
利害が交錯すると何が起きるか。１つには、相互に監視（評価）し合うことを許してし
まうと考えます。

「ちゃんとできるんでしょうね？　やってるんでしょうね？　頼みますよもう」

という具合に、誰かの仕事は誰かに絶えず見張られている。この緊張状態のなか、なん

とか成り立っているのが近現代の能力主義であり、それを代表的なクレデンシャル（認定証）にした貨幣経済であり、労働社会と言えます。

そう考えると、「努力と実力の度合いを推し測るにあたって、過去の学びの道程と、達成度合いがわかる学歴が参考にならないわけがないよね？」というくらいの話だと思えてこないでしょうか。

人生を左右するなら必死になりますよね？

本章をおさらいしましょう。

試験を行ない、選抜や評価を続ける近現代の学校システムが能力の証明機関となり、能力主義をバックアップする。と同時に、学校には序列ができています。難関校、中堅校、実質的には試験なしで誰でも入れる学校……などと枝分かれし、人びとは「能力」次第で、どの程度の学校をめざすのかを決め、試験の結果で水路づけられていきます。ここまでは序の口。

能力主義が学校教育の前提であることが仮に教育だけの話であれば、人生の一時期の話なので、どこかで終焉を迎えていてもおかしくありません。ただ能力主義が不朽の社会システムであるのは、学校での教育歴が、「稼ぎ」を左右する職業選択にもそのまま多分に影響しているからです。

「あの学校に入れてうまくやれたのなら、きっと難しい仕事もこなせるよね」という学歴（学校歴を含む）の職業分配機能を立派に成り立たせたわけです。職業における「訓練可能性」[*5]としての学歴。「誰ができそうか？」のシグナル[*6]としての学歴。これは社会が学歴を、効率的かつ説得的に社会生活のあらゆる原資を分け合うための重要ロジックだと、合意している状態と言えます。

こうも人生を左右する話が、人びとの話題から消え去るわけがありません。学歴がぁだこうだとしばしば批判されながらも、格好の会話のネタ、酒の肴(さかな)であり続けるのは、こうした背景からなのです。

誰のための学歴か。少し見えてきたでしょうか。続く第２章では、終わりの見えない学歴論のバリエーションと潮流を巷の言説や先行研究を基に整理していきましょう。まぁ皆「学歴好きの学歴嫌い」[*7]なんですから。

第2章

「学歴あるある」の現在地

なぜ学歴論は人びとを惹きつけるのか？

さて、配分原理としての能力主義の興りと、学歴との関係について、ウサイン・ボルト[*1]もびっくりの駆け足でかいつまんでご紹介しました。私の指導教官だった教育社会学者の苅谷剛彦氏も日本の学歴論を「学歴がその後の地位を規定するという事実を取り立てて問題視する議論が、一般の雑誌や新聞などでこれほど活発に行なわれ、学歴社会論としてひとつのジャンルを形成するほどまでに広まっている社会は、日本をおいてほかにはない」[*2]と評したほどです。

とはいえ、です。次のような話が気になるのではないでしょうか。知りたいのはこれだよ！　と。誰しも一度や二度は耳にしたことがあるこんな説です。

・社会に出れば学歴なんて関係ねぇ！
・いや、学歴はあるに越したことはない！
・そもそも学歴（で賃金に差がつくような）社会はおかしい！

　これらの語り草には当然のことながら背景があり、一理あるとも言えます。他方で、事実以上にキャッチーな形で流布（るふ）され、問題が矮小化するなどの由々しき面もあるかもしれません。よってここからは「これらの言説は真実か？　デマか？」という二項対立的な問いだけで、学歴論をわかった気にはさせません。

「学歴論のどういう点が、人びとを惹きつけて離さないのか？　背後にある人びとの関心は何か？」を主眼にしながら問いを進めます。

　人生いろいろ、何を「正義」と捉えるかもいろいろ。つまり、良し悪しや真偽の観点ではおおよそ埒（らち）が明かないからこそ、今日まで侃侃諤諤の議論が交わされてきました。ですから、言説および先行研究の流れを淡々とおさらいすることから始めるのが得策でしょう。世間の学歴への反応の系譜と、先達（研究者）の歩みがわかれば、人びとがこの社会で仮にも信じ切っている「正義」が垣間見えるはずです。

巷の視点――学歴の効用言説

(1)学歴がすべてではない説(不要論)

学歴でその人が使えるかどうかなんてわからない派

「学歴は究極の**オワコン**[*3]」「**賢い奴**は今どき大学なんか行かない[*4]」(太字は筆者による)

学校で何を学んだか、どんな優秀な学校に通ったか、ましてや学校でいい子だと評価されたかどうかなんて、社会に出て仕事をするのにはちゃんちゃら関係ないとの主張。学歴オワコン発言は、ホリエモンこと堀江貴文氏のインタビュー記事中にあった学歴描写です。

皆さんはどんなご意見、ご感想をおもちでしょうか。言うてもホリエモンは東京大学出身(中退)ですから、余裕を感じさせる発言にも思えます。ちなみに「ブランドとしての価値」という表現は経済学で言う、大学＝個人の生産性を企業に伝達する手段、と考えるシグナリング理論[*5]をなぞっているように取れます。

続いて。１９６０年代、高度経済成長期のど真ん中に遡（さかのぼ）れば、こんな語りも忘れてはならないでしょう。

「会社は、激しい過当競争のさなかにあって、実力で勝負しなければならないというのに、**そこで働いている人は、入社前に教育を受けた『場所』で評価されるというのは、どう考えても納得がいかない。**教育の『質』が問われるのならばまだ解る。『場所』というのは、正常ではない。わずか数年間の学校教育が、以後何十年にもわたって、その人の看板として通用するというのは、奇妙というほかはない。（中略）何々大学を出たからというだけで、**その人の価値が高いと決めることにはなんら意味がない**し、教育の程度と学校の名前だけで、**その人が役立つ度合とするならば、大変な間違い**であろう」（太字は筆者による）[*6]

これはかの有名なソニー創業者盛田昭夫氏の『学歴無用論』の一節です。いまから半世紀以上前の指摘とはとても思えないのは、私だけでしょうか。名経営者という意味でのインフルエンサーが声高(こわだか)に叫ぶ、学歴無用論の走りです。

ちなみに盛田氏はこの一節のあと、安直な学歴による人の采配に頼るのは、職務要件定義とその評価の手間を惜しむからだ！　といったことを説くのですが、それはそれは痺れます（次章以降で詳しく検討します）。これも学歴が個人の生産性のシグナル足りうるのか？　という観点で効用を語っていると言えましょう。

さらには、（高）学歴を単純に「勉強ができる」に置き換えたとき、次のような言説もあるあるの1つではないでしょうか。

「勉強はできても、仕事はできない」

の類です。私もそうなのですが、一瞬「自分のことを言われてる⁉」とつい記事をクリックしそうになるものです。じつに引きの強い言葉としての学歴不要・無用論。仕事との対比・接続で語られるといっそう、ドキッとさせられます。これもやはり学歴と生産性との関連を疑う言説なため、学歴のシグナリング機能についての反論と言えそうです。

「学生時代は優秀だったのに……『勉強』はできても『仕事』ができない人の共通点」[*7]
「なぜ、『勉強ができる人』は『仕事ができない人』になってしまうのか」[*8]

さもありなんという実際の記事の見出しです。これでイラっとする人もいれば、ほっと胸をなでおろす人もいるのでしょう。

もっと人生とは壮大な話なんだよ派

他方で、学歴なんて……論の延長線上には、次のような発言もよく知られたところかと思います。

「人間にとって大事なことは、**学歴とかそんなものではない。他人から愛され、協力してもらえるような徳を積むこと**ではないだろうか。そして、そういう人間を育てようとする精神なのではないだろうか」[*9]（太字は筆者による）

これはホンダ創業者・本田宗一郎氏の言葉とされていますが、学歴ではなく、愛、協力、徳ときました。本田氏に言われてはぐうの音も出ないかもしれませんね。いわゆる「人間性」が人生のかぎを握る、といったことを指し示していると思われます。人間性と言い出すと私からすると、「頭の良さ」の評価より難易度が高そうな気もしたりしなかったり。道徳論、人生訓としての学歴言及といった様相です。

いささか類似したもので、もう1つ。経営の神様こと松下幸之助氏はこのようなことにも言及しています。

「病気がちで、家が貧しく、**学歴もなかったから成功**できた」[*10]（太字は筆者による）

これまたわーお！　という主張です。学歴がないのなら周りに知恵を借りればいいだけである、とも発言している松下氏。[*11] 成功したから結果的に言える言葉のようにも思えなくもないですが、学歴が成功の秘訣では決してない、逆境や、周囲の協力を得られるような人物であることのほうが奥義ではないか？　といった訓示と言えましょう。

経済学の話で言うと、学歴が生産性のリトマス試験紙になるかどうかという先のシグナリング理論的な見解というより、賃金上昇を達成・成果と捉えた場合に、学歴の獲得の投資効率を念頭に置いたような発言、すなわち人的資本論[12]に近しい印象を受けます。

さて、まだまだ続きます。近年では、「高学歴芸人」とされる人が取りざたされがちですよね。なかでも次のような発言が耳目を集めたものです。

(2)学歴はあって損はない説(有用論)

「学歴は浮輪のようなもの[13]」

なかなかうまいたとえだな……が私の第一声でした。これは、いわゆる「下駄を履かせる」の意味を、浮輪や自転車の補助輪といったレトリックで説明したもの。最初から大海原でも泳げる猛者はそうしたらいいのですが、たいがいのひよっこには、せめて初心者のうちは浮輪があったほうが安心できる。

まぁいつかは外して泳がないと、バタバタ泳ぎしかできないのでは速度が圧倒的に遅く、ダメだろうが、それでも学校から就職という社会システムの流れに鑑みるに、高い学歴はその後大海原で悠々と泳ぐ最初の安全な一歩にはなるだろう——そんな意味のコメントをお笑いコンビ「ロザン」の宇治原史規さんと菅広文さんが『産経新聞』で語っています。[*14]

さて、こうなってくるとまったく、いったい何が「正解」なんだか……とため息が出てきます。おそらく正解探しをするとどつぼにはまるのでしょう。なぜなら巷では、置かれた環境＝スタートラインが違うのに、自分はやってこられたから学歴は要らないよ、とか、逆にやっぱりあるに越したことはないよ、などと言い合っている状態だからです。

また同時に、経済学の理論体系に照らし合わせても、シグナリング理論と人的資本論は、賃金上昇が見合うだけの資格かどうか？　そのために時間とお金をかけることの費用対効果はいかほどか？　といった議論です。ゆえに、生産性の示すものがそもそも曖昧模糊としているのに、唯一解があるかの前提で是非を問うため、神学論争化しがちなことも付言しましょう。

＊

となると、学歴論争はどう扱っていくのがよいのでしょうか。ここで私が目を向けたいのは、あるインフルエンサーの言葉です。大卒と非大卒の生涯賃金格差についてデータを引き合いに出しつつ、次のように述べます。

「日本の大学で教えていることは、一部の専門的な分野を除いて、**社会に出てからあまり役に立ちません**。

大学で学んだことが企業で生かされていないとすると、高卒の人と大卒の人で仕事内容はそれほど大きく変わらないはずです。にもかかわらず、**生涯賃金に6000万円もの開きがある**。

これは、**日本企業が「大学で何を学んだか」ではなく、「大卒である」ことに価値を見いだしていることの表れ**でしょう。

もちろん、ビル・ゲイツ氏やマーク・ザッカーバーグ氏、日本では堀江貴文さんのように大学を中退して成功している人はいます。でも、それはごく一握りの超優秀な人たちです。一般的には、**大卒という肩書きは持っておいて損はない**のです。もっと言えば、高い学歴を持っておくのに越したことはありません。（中略）**『その人となりを見る』ことは困難。どうしても、学歴のようなわかりやすい基準に頼る**ことが多くなります」（太字は筆者による）[*15]

これは誰の発言かと思えば、論破王として名高きひろゆき氏ではないですか。学歴有用・不要論のはざまで、ああでもない、こうでもないと持論を展開する著名人（インフルエンサー、いわゆる成功者）たち、メディアが散見されますが、このひろゆき氏の発言はどうも毛色が違うようです。

というのも、教育社会学を修めた組織開発者として言説を眺めるに、この論調は既視感たっぷり。それもそのはず、私の古巣でもある教育社会学が、学歴論争について解きほぐす際の論点が一挙に示されているのです。どうしたひろゆき氏。

換言すると、個人的な経験談や志向性を超えて、社会システムとしての学歴を考えた場合の論点はまさに、次の3点に集約できると言えます。

（1）学歴格差と不平等問題
（2）教育内容×労働（仕事内容）の関連性の問題
（3）学歴ではない「成功」のカギ言説

人びとが学歴について議論をする際に、「要らない」「いや、あったほうがいいでしょ」と自身の経験談ベースのポジショントーク（自分の立場や立ち位置を絶対として周囲を相対化すること）を展開することがままあります。しかし、「何を選ぶのが最も得か？」とか「最強」「コスパ」がいいか？　といった意味での「正解」探しに奔走すると、学歴論争は不毛に陥りやすい。

なぜなら、各人の状況の違いを棚上げしたままでは、一元的な「正解」なんて出せっこないのですから。生まれや置かれている環境は皆多様です。さまざまな初期値（インプット）に対して、アウトプットはと言うと、「生涯賃金」の高さといった一元的な「正解」でジャッジしようとしている――これが学歴論争の現在地なのです。

よって、本書はここから、一元的な正解探し論に陥りやすい学歴論争をメタに捉え、より広く社会構造的に、学歴が職業を采配していく主ロジックのままでいいのか、どうなのか？　という視座に立ったときの議論、すなわち、学校から労働へのメカニズムを専門とする研究者の思考の歩みを、丁寧に、かつリズミカルに確認していくことにします。

研究者・専門家の視点——学歴による職業采配は正当なのか？

第1章で述べたとおり、重要でありながら、普段日の目を見ることが少ない社会の限られたリソース配分に関する議論。社会配分原理としての能力主義は、そもそもが仮構的な「能力」という概念からスタートしていますから、どこまでいっても突っ込みどころは満載ですし、万人を納得させる完璧なロジックにはなりえません。その意味では、能力主義のわかりやすい化身としての学歴も、延々とこねくり回せる、人びとにとって格好の議論のタネです。

ただ、酒の肴として「学歴があってもあいつは……」とやんや言うのも、「自分には学歴がないから偉くなれない……」などとぼやくのも自由ですが、その角度、粒度の議論では、社会システムが見直されるにはいずれも至らない点は留意が必要です。

そこで登場すべきなのが、「学歴があったほうがいい・なくてもいい」という水掛け論を、個人の視点ではなく、社会全体の仕組みとして捉える専門家・研究者たちでしょう。

社会現象あるところに社会学者あり（と私が言いました）。彼ら・彼女らは一過性のポジショントークではなく、長年、社会の配分システムとして能力主義、また能力の代理指標としての学歴が人びとの暮らしぶりを決めるに値するのか否か、調査・研究を続けてきています。

まずは、教育社会学の歩みを見てみましょう。言説分析や実証的な動態分析、ないしは生活史やエスノグラフィーの形で実態解明に邁進しています。

＊

能力主義が社会の配分原理となり、かつその学校から仕事にまたがる形で個人が所有し、伸長させていくと思われている能力の指標として学歴が用いられること――学歴社会――の在り方について、量的・質的の両面から実証研究を重ねてきた教育社会学。

その論点はまさに、格差・不平等、学校から仕事への接続（トランジション研究）とその内容的なリンケージ（職業的レリバンス研究）の観点です。詳細は専門書をお手にとっていただければと思いますが、その意図や背景をここでは追っておきましょう。

(1) 学歴（賃金）格差と不平等問題
(2) 教育内容×労働（仕事内容）の関連性の問題
(3) 学歴ではない「成功」のカギ言説

(1)学歴(賃金)格差と不平等問題

これはまさに、本章の冒頭で挙げたあるある言説の1つ、「学歴で賃金に差がつく社会なんておかしい！」という訴えそのものと対峙する話です。

「おかしい！（不当だ！）」というのは言い換えると、学歴が仮にも「人の価値」の指標だとしたら、学歴を手に入れられるか、ひいては希望する職業に就けるか否かにおいて、「有利な人と不利な人がいるのではないか？　もっとも、自分はどっち側の人間なんだ!?」というのが人びとの根本的な関心と言えるでしょう。

さらにその勘ぐりの背景に共通した願いは、「頑張った人が報われる社会であってほしい」というピュアなものだとも言えそうです。それはそうです、誰だって報われたらうれしいですよね。頑張った甲斐がない社会では、個人の努力では人生設計がいかんともしがたかった身分制度に逆戻り、と言えますから。

＊

さて、この「有利・不利」の議論。学歴をはじめ、学校から仕事へのトランジション（移行）を語るうえでおよそ避けて通れない概念なので、慎重に進めていこうと思いますが、補助線として「平等」と「公平」という言葉を使います。どういうことでしょうか。

有利・不利とは何か

しばしば参照されるあるイラストを示して考えてみます。次頁のイラストの左側が「平等」で、右側が「公平」を示します。いろいろな人に、一律に「同じもの」を支給すること――これは平等な配分と言えましょう。一見すると何ら問題がなさそうですが、イラストの左側をよく見ると、もともとの個体差があるままなので、一番小さな子どもは依然として視線が完全にさえぎられています。一方で、もともと背の高い左の人は、もらった踏み台のおかげで悠々、観戦していますよね。

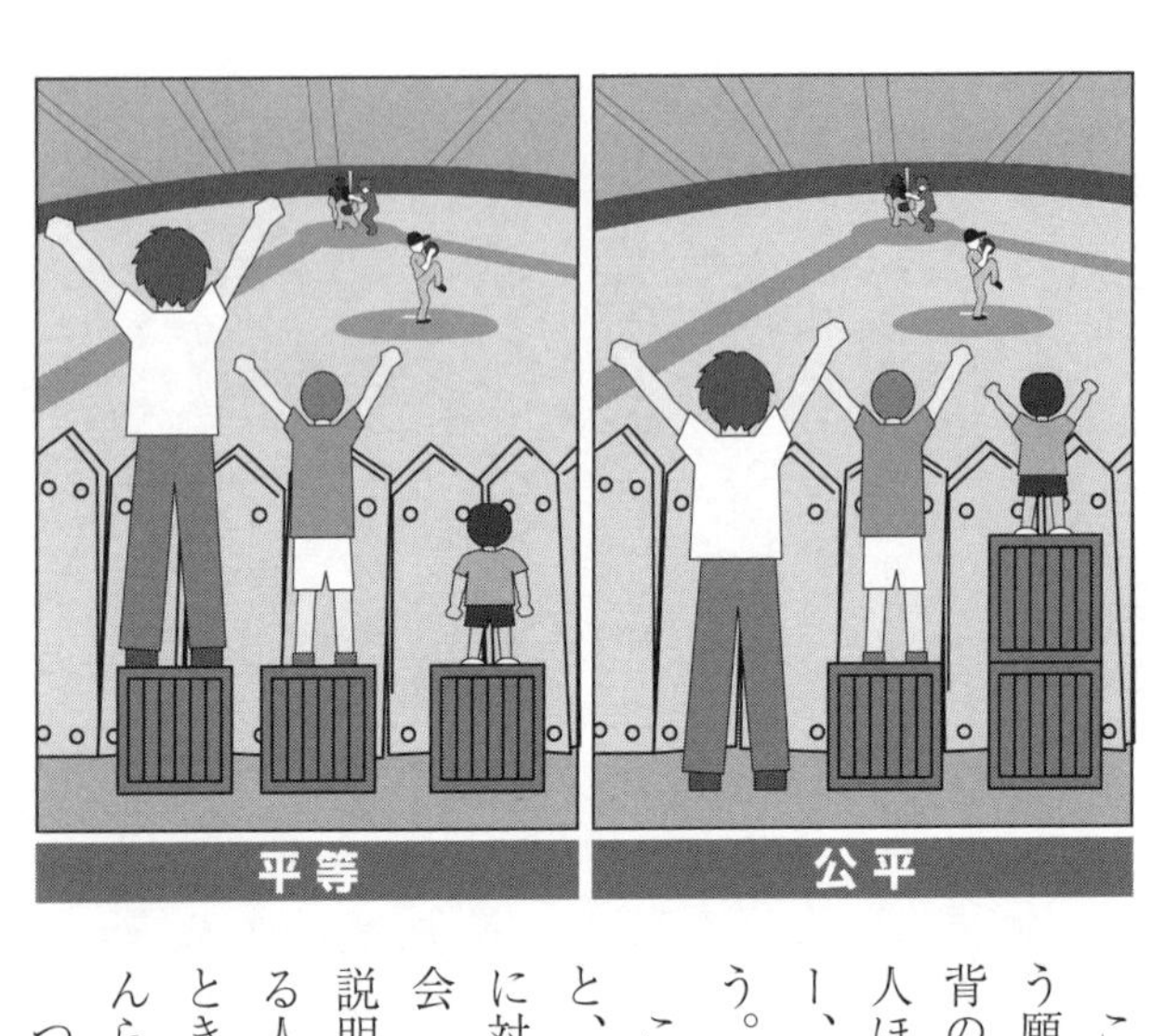

これぞ、高い柵を越えて野球観戦したいという願いを共通のゴール（欲求）とした場合に、背の高い人がこの場合は有利であり、背の低い人ほど不利、と説明できます。前者はラッキー、楽々。後者は困難を伴うとも言えましょう。

これをさらに、平等と公平という観点に戻すと、もともと個体に歴然とした差がある複数人に対して一律に「同じもの」を渡すことは、機会（チャンス）の平等にすぎないのだ、という説明が成り立ちます。「同じもの」を相違のある人びとに一律に渡すことは、その結果を見たときには、もともとある個体差の不自由さをなんら乗り越えていないわけですね。

つまり、機会の平等は、個体差のある人間に対して「一律」という手続きで成そうとすると、残念ながら結果の不平等を生みかねない。かつ、そのことが問題視すらされていないじゃないか？ 差異に満ちた人間に対して、「同じもの」を一律に手渡すことは、「不公平」だよね？ という話なのです。ここまでよろしいでしょうか。

そのうえで学歴社会の文脈に戻すと、学校と労働をつなぐフレームワークを先のイラストと接続すると、次のように置き換えられます。

3人の人間 ＝ 労働者
観戦（得たいもの） ＝ 成果、達成（仕事）
踏み台 ＝ 学校教育

学歴が個人の達成を左右する、つまりそこまでの過程にすでに有利・不利があることを自覚しない／不公平さが残っているとの疑いをもたないこと。これこそが、学歴社会の問題点である――そう実証的に指摘したのが、私も修士課程で指導いただいた教育社会学という学問分野の研究者たちなのです。

先のイラストのように、身長、年齢、性別などの属性の違いのほか、個人はその置かれた環境も、本人の志向性や体調なども、言わずもがな可視・不可視の差異に満ちています。同じ人間というだけで、総じて違う（個体差のある）生き物です。

ただ仮に、柵の内側で野球観戦をしたい（＝仕事、達成）ときに、初期値の違い（先のイラストでは身長差）に対してなんら無自覚なまま、「平等な」踏み台＝学校教育という一律の社会システムが入り込んだとて、どうでしょうか。仕事をして、立派に稼いでいくということを（旧来的な価値観ではありますがいったん、便宜上）「達成」と置くと、どういう傾向がありそうでしょうか。

学歴は要るだの、要らないだのの議論の前に、自分以外も含めた社会全体を可能な限り把握して、全体像を詳らかにする――巷の言説と研究の違いはここにあるでしょう。

不公平な「成功」への切符

さて、個人の所感を超えた、社会の全体像の把握という観点、すなわちは学歴に関する専門家・研究者の歩みを引き続き辿ります。ただし、先行研究を本書でそのまま紹介しても芸がない（というか、あなた研究者じゃないでしょ？　という状態になる）ので、世間の学歴論と研究とを平易な言葉でつなぐことを意識して、論点を押さえてまいります。
たとえば中卒でニートの人が、25歳になってはたと、まったく畑の違う、仮に日本銀行に就職したい、と思い立ったとしたら。おそらく少なくない人が、こんなことをその人に暗に明に言うのではないでしょうか。

「へ？　あなた仕事できるんですか？　本当にできる人はとっくに努力してきてますけど、大丈夫ですか？　学歴である程度のあなたの頑張りと実績がわかりますけど、う一んあなたがやれるようには思えない。何か力量を証明するものありますか？」

学歴社会とは平たく言えば、こうした主張に社会的なコンセンサスが生まれている状態です。それを私は肯定も否定もしていない点は繰り返しお伝えします。私自身の視座については第３章以降でしかと示しますのでお待ちいただくとして、ここでは、学歴がないと、「あなたが仕事ができるのかどうなのか、信用できない」と言われてしまうことに反論がしにくい、、、のが学歴社会である点を頭に置いておきましょう。
さて、これの何が問題か？　は次の問いに続きます。

次なる疑問。そもそもいまの仕事に水路づけた立役者は学歴ですが、その学歴を手にしたことは、本当に本人の努力と実力（能力）の賜物だと、言い切れるのだろうか？　という点です。

前章で少しだけ述べましたが、先の例の中卒で社会に出た人は、本人の希望で義務教育で学校と決別したという人もいれば、当然のことながら、事情により高校以上の学校教育を受けることができなかった場合も大いにありますよね。

学歴社会は、個人の自由意志で、未来のためにいま精一杯の努力をし、実力を磨くことがさも皆が「（やれば）できる」前提に見えますが、じつはここですでに、捨象された議論が隠れているわけです。

本人の自由意志、合理性が働かない、選択の余地がないケースもあるよね？　と。なのに、いまもらいの少ない人は、子どものころからの継続的な努力と実力の研鑽が足りないのだから、仕方がない——そう切り捨てることは、やはり結果の不平等を放置する意味において不公平ではないか？　という議論が学歴社会の学術的研究の一義です。

繰り返しますが、専門的な議論はぜひ当該の書籍や論文に当たっていただければと思い

ます。ここでは、一般書として平易に骨子を描くことに注力しますと、

多くをもらう人は、過去からいまもずっと頑張ってきて実績を残している人である

――これを体現した学歴社会のもとでは、高い学歴を得られなかった人は、まさに努力と実力不足という判定がされてしかるべきと考えられるわけです。ですが先に述べたように、したくてもできない環境下にあることも十分に考えられるのです。

初期値（生まれ）による有利・不利

と、さらにここで、次のような意見もありましょう。

「いや、逆境にも負けず、自分で道を切り拓ける人もいる」
「経済的な逆境なら、安価な公教育もあるし、奨学金制度だってある。チャンスは『平等』にあったのだから、本人の問題じゃないか」

と。ええ、さもありなんといった主張です。

しかし、これらの言説についても、教育社会学は毅然として、実証研究をもって反論します。ランダムサンプリングによる大規模調査および精緻化された統計手法の発展により、次のような、世代をまたぐファクトが抽出されました。

（1）学歴はまずもってその人の所得（稼ぎ、もらい）との相関がある
（2）本人の学歴は親から子へと再生産される（親子の学歴に相関がある）

（1）については左図のとおりです。学歴が高いほど平均賃金も高いのです（ここでは主旨ではありませんから男女格差については言及しません）。
そして問題は（2）。大卒の親の子供は大卒に、非大卒の親の子供は非大卒になるという、いわゆる親子の「学歴再生産」の傾向が、実証的に示されています。『教育格差　階層・地域・学歴』[*16]の松岡亮二氏の見解を参照しましょう。
（1）と合わせて考えると、賃金の傾向は学歴を媒介して世代を超えて再生産されやすいのです。極端な言い方をすれば、高学歴でハイソ（ハイソサエティ＝上流の）、裕福な子は

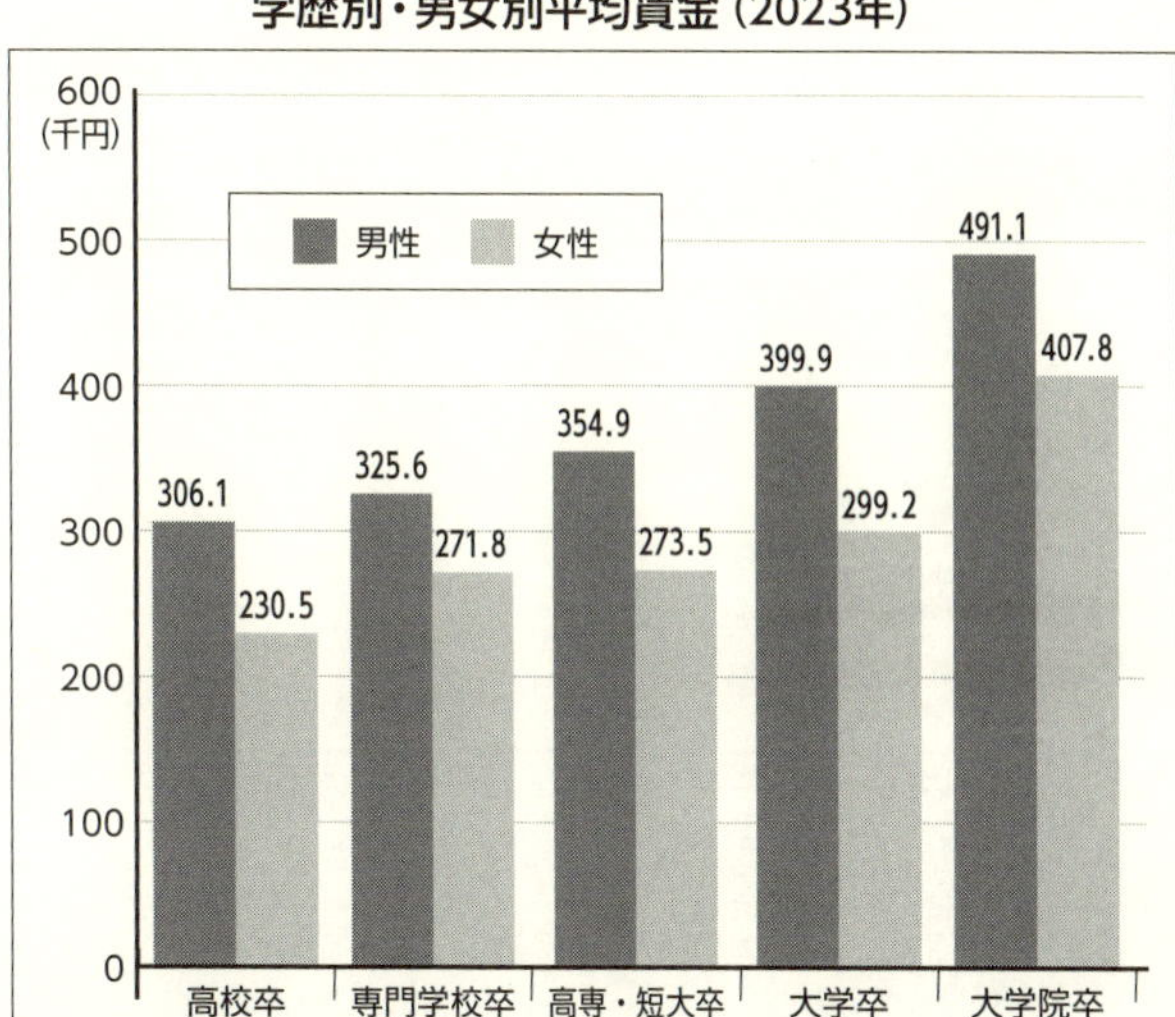

厚生労働省「令和５年賃金構造基本統計調査」をもとに作成

やはりそのハイソな界隈で裕福になりやすい。家が貧しいと、なかなか実家以上の暮らしになりにくい、というわけです。

その配分装置が、平等に機会を与えるとされている学校教育であることが特筆事項です。そこを媒介して、あたかも正当に「能力」を測ったと見せて、職業へと振り分けていく学校。これでは、生まれの違いが解消されないどころか不問に付されたまま、先ほどの平等と公平のイラストでいう踏み台が一律に置かれた状態。ゆえにその結果にはさらなる差が生まれます。そしてそれは世代

親の学歴と子どもの学歴

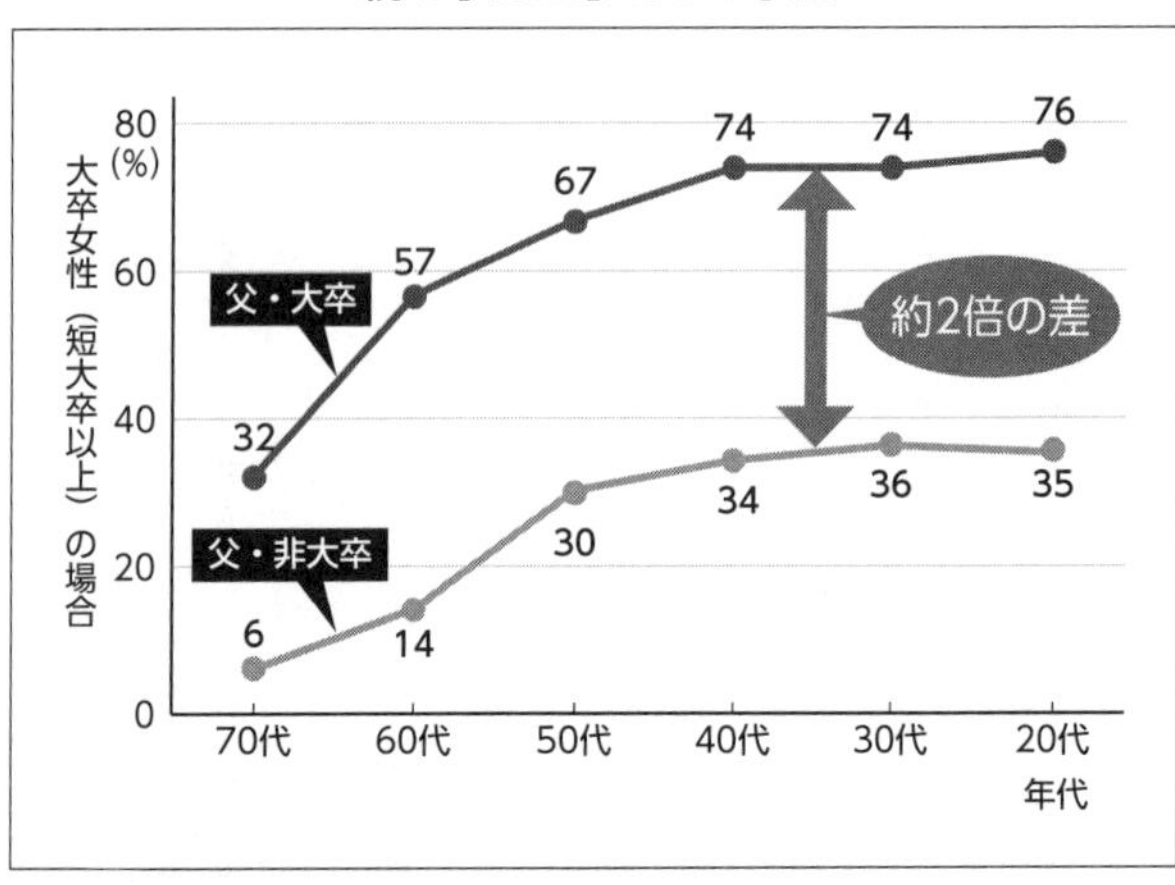

松岡亮二『教育格差』内の図版（SSM調査2015年）をもとに作成

を超えて、

「もともとラッキーな人はさらに強くしてもらい、もともと社会的なリソースが不足がちな人も、同等のチャンスはあげたのだからあとは頑張ってなんとかしなさいよ」

——で済まされてしまう。松岡氏が『教育格差』で述べたとおり、

「この社会に、出身家庭と地域という本人にはどうしようもない初期条件（生まれ）によって教育機会の格差がある（中略）この機会の多寡は最終学歴に繋がり、それは収入・職業・健康など様々な格差の基盤と

なる。つまり、20代前半でほぼ確定する学歴で、その後の人生が大きく制約される現実が日本にはあるのだ」[*17]というわけです。

家庭ごとの社会階層（社会的な立ち位置。職業の威信や年収、居住地などで社会科学の研究では指標とされる）は再生産されるものの、その事実は機会の平等を盾にとり、あくまで本人の努力・実力の問題であるとされます。ひいては異議申し立てを許さない社会を盤石なものとするわけです。

この、学校教育という機会の平等で覆い隠された、結果の不平等という問題。教育社会学が実証的に世に知らしめてくれるまで、世間はおよそ、学歴社会で勝ち残るか否かは、本人の「能力」の問題だと信じて疑いませんでした。しかし、教育社会学者が「学校システムや就労のシステムを含めた、社会システムが、構造的な公平性を失っているのに、世間は問題を個人化しているじゃないか！」というのは、じつに的を射た指摘です。

とはいえ、その後もなかなか再分配の議論や、結果の不平等にも目配りをした公平な仕組みに向けたアファーマティブな介入（より踏み込んだ積極的介入）というのは、残念ですがあまり進んでいないことも付言しておきましょう。[*18]

「学歴による分断は一層進んでいる」論

学歴社会の是非はさておき、その傾向は強化されていると言えるのか否か。ここに焦点を合わせる研究の代表格が、『暴走する能力主義』[*19]の中村高康氏や、吉川徹(きっかわ)氏でしょう。吉川氏の『学歴と格差・不平等　成熟する日本型学歴社会』[*20]『学歴分断社会』[*21]は、格差が断絶レベルまで進んでいることをデータでわかりやすく読ませます。濱中淳子氏も『検証・学歴の効用』において、はっきりこう記しています。

「学歴の効用が増大している[*22]」

繰り返しですが、学歴を媒介した所得格差は増大しています。それを知らないふり、世のなかそんなものだろうと、学歴を媒介にした所得格差に目もくれないでい続ける限り、「能力」による学校から職業への正当な采配だと信じて、実際には不公平な競争を生涯にわたって続けさせられる……教育費の公的な負担の議論も後回しになる……。非常に暗澹(あんたん)とした気持ちになりますが、こうした研究も連綿と続いています。

ターゲット校採用を実施している企業の割合

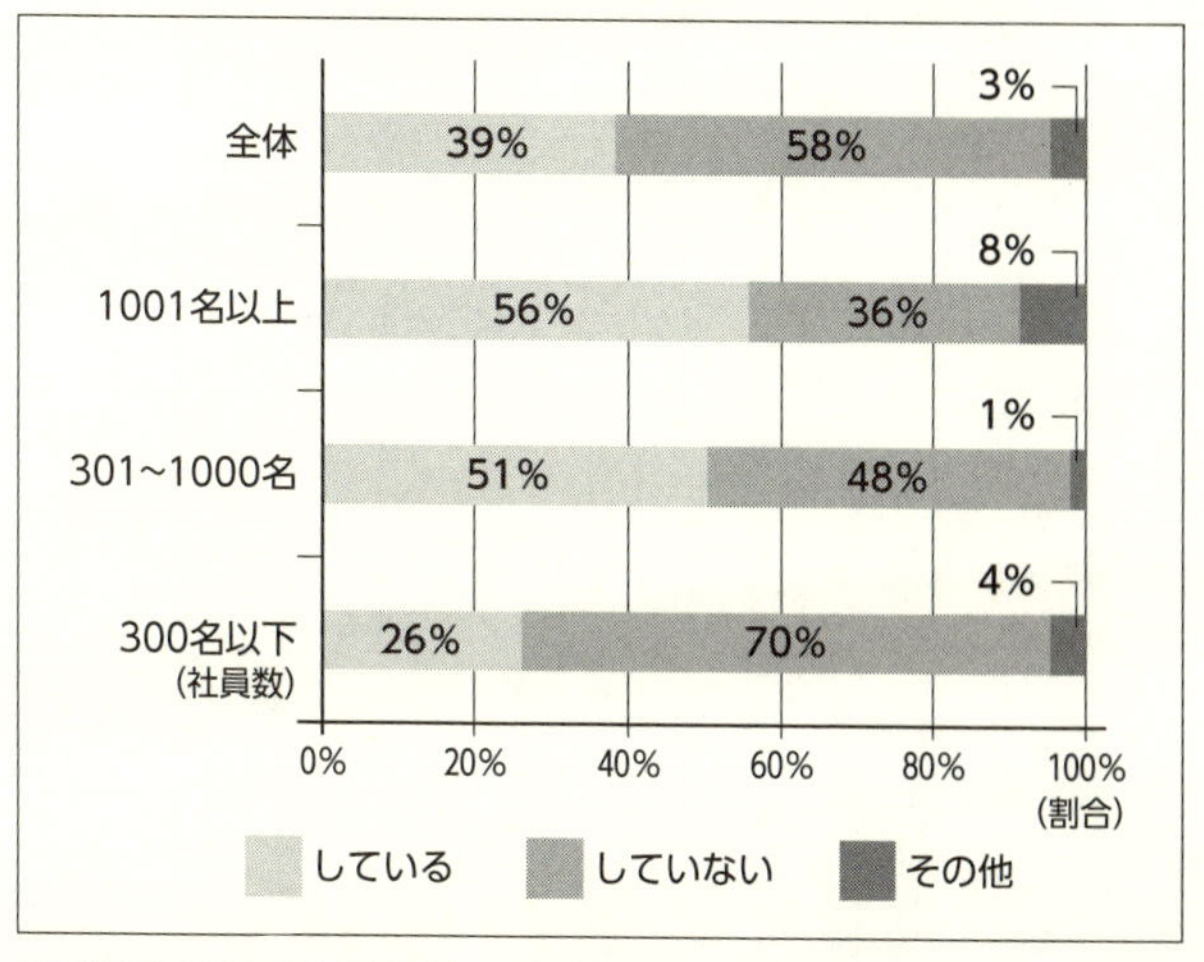

HR総研「2018年新卒採用動向 調査結果報告」(2017年4月12日)をもとに作成

加えて、『高学歴難民』[23]や『高学歴ワーキングプア』[24]、『ルポ高学歴発達障害』[25]などの、「学歴がすべてではない説」も枚挙に暇がありません。

就職コンサルタントである福島直樹氏の『学歴フィルター』[26]も、企業による学歴差別の実態を暴くルポであり、学歴（主に学校歴）によって就職という人生のフェーズにしかと分断が存在する様相を描いています。学歴フィルターないしは「ターゲット大学」＝「特定の大学層の学生に対して特別な施策を行なう重点採用を実施している企業」と呼ばれるスクリーニング（選抜）が行なわれている割合で言うと、この本のなかでも参照されている、日本最大級の人事ポータルサイト「ＨＲＰｒｏ」の実施した調査（２０１７年実施）によれば、社員数１００１名以上の大企業ではじつに56％だと言います。

ただし、この学歴フィルターへの問題解決策とされている内容に、私は異論がありますす。それは追って第4章で述べます。

学歴社会の格差・不平等問題まとめ

さてさて。この辺りで整理しましょう。

学歴社会とは、公教育に端を発する、社会的な序列づけの起源という言い方もできそうです。積み上げのことを努力＋実績＝能力と見なす社会においては、そうなりますよね。

しかしその公教育は、たしかに平等な仕組み（チャンス）でしょうが、だからといって、初期値の違い（生まれ落ちた家庭環境の違い）は公平性の観点で言えば、無視していいことにならない旨を、教育社会学を引き合いにして紹介してきました。

繰り返しになりますが、初期値の違いというのは、本人がどうすることもできないことです。つまり、本人の努力＋実績からなる、能力の基本定義から逸れる、「不利」なわけです。なのに、一律に扱うという意味の平等にこだわりすぎたことで、不公平性に目隠しされてしまった。そして社会全体からなかなか問題視されないため、初期値の違いによるいわゆる「格差」は増大します。この学歴を通じた人生の分岐は、選抜的要素が強いため、狭き門を巡っての競争になります。

「もっと能力を伸ばそう」という方向性もあれば、「もっと早くから、有利になる道を選ばせよう」という親心も否めません。これが教育をめぐる競争＝受験戦争の激烈化、早期化を招いています。中学受験で言うと、２０２４年度の首都圏の中学受験率は23％を超えて過去最高。[*27] そうした実態解明に挑む受験研究も散見されます。[*28]

＊

というわけで、学歴論争のなかでも、学歴で賃金に差がつけられることの正当性を検討する議論は、先行研究も踏まえて、大枠が見えてきたでしょうか。学歴というものが、本人の努力と実績＝「能力」だけでは獲得可能なものではない以上、世間で言われるとおり、学歴でその後の「もらい」を割り振っていくことに疑いをもたない社会というのは、どの道、問題があると言えそうです。

ただしその問題を、「不平等だ」という指摘で捉えてしまうと、先にご紹介してきたような「チャンスは皆にあったのに生かせなかったのは自分のせいだろ？」という自己責任論を超えられない点には留意が必要だという話もしてまいりました。

学歴社会、学歴論を眼前にすると人は往々にして、要るだの要らないだのの個人の選択の話題に終始しがちです。しかし、学歴は能力主義の代理指標であり、能力主義が社会配分原理としてこの先も唯一解であり続けるべきか否かについては、いっそうの注視が必要です。

ちなみに、本章の冒頭で「学歴がすべてじゃないですけど」といった言説を紹介しましたが、先の『検証・学歴の効用』の濱中氏や、『学歴分断社会』の吉川徹氏、『学歴・競争・人生』の吉川・中村両氏からしたら、「学歴がすべてじゃないとか、もうその議論は古い、なんて言いなさんな！　そう言って議論を止めてしまうことがむしろ由々しき事態じゃないか！」とお思いになると想像します（もっと上品な方々なので、こんな表現ではないと思いますが……）。

世の中、お金がすべてではありません。しかし、（生涯年収に対する）学歴の「効用」が歴然と見られる以上、学歴論からそう簡単に目を逸らしていてはまずいのです。ポジショントークや世間のマジョリティにウケのいい議論がされると嫌気がさすものですが、ここは理性的に、もう少し学歴社会問題に食らいついていきましょう。

＊＊＊

（1）学歴（賃金）格差と不平等問題
（2）教育内容×労働（仕事内容）の関連性の問題
（3）学歴ではない「成功」のカギ言説

（2）教育内容×労働（仕事内容）の関連性の問題

研究者の学歴論の争点その2。学歴による賃金格差、また学歴の再生産、その不平等さの問題に次いで、研究者たちが学歴を眺め直す視点には「学校教育で教わったこと×仕事内容」の整合性の問題もあります。

というのも、学歴が仕事を采配していくのであれば、学歴（学校システムにおいて測定される範囲の学力）と仕事のパフォーマンスとに密接な関係性が見られてしかるべきです。が、実際にはどうなんでしょうか。逆に問うならば、学歴は何の象徴として、職業采配機能を担うまでの存在に成りあがったのでしょうか。1つずつ見てみましょう。

社会に出たら学歴なんて関係ねぇ！説の研究

とある不良軍団に参与観察・インタビューの形で迫る、社会学者（ポール・ウィリス）。彼のインタビューの様子が次です。

「筆者（ポール・ウィリス）：きみたちにはあって、〈耳穴っ子〉（優等生一派を指す）にはないってものが、なにかあるかい？」
スパイク（という名の不良少年グループの一人）：ガッツ、決心……。ガッツじゃなくて厚かましさかな……連中よりもおれたちのほうが**世の中を知ってる**よ。やつら、数学や理科ならちょっとは知ってるかもね、でもそんなこと、**どうってことない**や。あんなものの**だれの役にも立つもんか**」（括弧内、および太字は筆者による）

——これは社会階層・再生産研究の代表作の1つ、ポール・ウィリス『ハマータウンの野郎ども』[*29]からの引用です。私も修士課程時代に読みました。

この本の主人公たちは、いわゆる最底辺の暮らしを親の代からしてきています。さぞ彼らは学歴社会を恨んでいるのかと思えば、彼らは彼らで「男らしさ」「からだで稼ぐ」（肉体労働）などのコミュニティ内の規範を内面化し、「能力主義競争にコミットすることを忌避して、学習＝労働に自己限定的に関わろうとする」姿がエスノグラフィックに描かれています。

前掲の不良少年の語りにもありますね。学校の勉強なんて「だれの役にも立つもんか」と。ましてやその学びの遍歴なんてのが、社会生活でも作用するなんてばかばかしい、と言わんばかりですが、ここのポイントは、社会階層の低い側がそう思い込むことで、最底辺の肉体労働者の道しか残っていない自分たちを鼓舞するメカニズムが描かれている点です。言い換えれば、学歴はウィリスが分析対象にしたイギリスでも、しかと職業を采配しているのです。

ちなみに「イギリスでも」と言いましたが、こうした、「学歴なんて……」の内面に迫る研究の国内版も充実しています。こうした学歴をはじめとする能力主義的序列づけと距離のあるコミュニティにおける文化研究というのはあちこちでされています。『暴走族のエスノグラフィー』は言わずと知れた名著ですし、[*30] ２０２４年に逝去された打越正行氏の『ヤンキーと地元』[*31]も代表的です。そのほかにも「学校で踊る若者は「不良」か？ストリートダンスはどのようにして学校文化に定着したか」[*32]や、『搾取される若者たちバイク便ライダーは見た！』[*33]などもご存じかもしれません。

と、少し細部に入りましたが、要するに

・仕事の出来は、学校の勉強の出来とは違う論理が働くんだぜ
・「成功」は学歴じゃわからないぜ

といった声はよく漏れ出るもので、また、「不良」でなくても個人の側も、「学校で教わることは本当に仕事の役に立つんですか？」という問いが一度や二度、頭をもたげたことがあるはずです。そのくらい「役に立つかどうか論」って、そこかしこに跋扈（ばっこ）しており、それゆえ、研究もしかとされてきているということなのです。

職業的レリバンス

学校教育と仕事内容との関係性はいかほどなのか問題。先に述べたシグナリング理論は経済学でしたが、教育・仕事の「中身」の話は、教育社会学の真骨頂。専門的には、「職業的レリバンス」研究が解明を試みてきています。その歴史は長く、学校、とくに就職との結節点である大学が、仕事で活きるような学びを提供しているのか否かを論じています。

たとえば、私も大学院でお世話になった本田由紀氏はそのど真ん中の研究者の1人です。『教育の職業的意義』[*34]をはじめ、近年では『文系大学教育は仕事の役に立つのか 職業的レリバンスの検討』[*35]も、的を絞った問いで読み応えがあり、ほかにも、濱口桂一郎氏の『新しい労働社会 雇用システムの再構築へ』[*36]は、日本型雇用が生む独特の職業的レリバンスやキャリアパスの特色などを紐解いた論説の1つでしょう。

興味の湧いた方は当該書を直接お読みいただくのがベストだと思いますが、本田氏の言葉で骨子をおさらいすると、あるべき「教育の職業的意義」を「特定の個別の職種にしか適用できないような、がちがちに凝り固まった教育ではなく、ある専門分野における根本的・原理的な考え方や専門倫理、あるいはその分野のこれまでの歴史や現在の問題点、将来の課題などをも俯瞰的に相対化して把握することができるような教育である。それは、一定の専門的輪郭を備えていると同時に、柔軟な発展可能性や適用可能性に開かれているような教育である」[*37]と定義し、現状は（我々の印象どおり）不十分であると述べます。

とくに興味深いのが、「キャリア教育」の存在が「教育の職業的意義」を押し上げているかに見せて、「為政者の願望」にすぎない、何なら先の意味の職業的レリバンス（意義）の向上を阻(はば)んでいると喝破する点です。

ちなみに本田氏の代案は「柔軟な専門性（flexpeciality）」という概念にあるとし、「一度身につけた専門性は、その後に隣接領域、一見関連のない領域に移った場合でも、実質的な有効性を発揮しうる」「社会の現実と同様に、知識や技能も網の目状につながっているのであり、初発の専門性は、その後の展開の種子としての意味をもっている」状態への道筋を照らします。また、企業側に対しても、職種別採用の推進や「キャリアラダー」の活用など、日本型雇用を所与のものとしない取り組みを諦めずにやっていく必要性を指摘します。

他方で、レリバンスが云々かんぬんと言ったところで、学校教育というのは万年、その後の受け皿となる企業側から文句を言われているような気もします。

「学校ではろくなことを教えていない。仕事に必要なことをもっと叩き込んでくれよ」

と。教育サイドが反論しにくい文句を、企業側が都合よく偉そうに言っているだけの話のような気もしますが。

だって「企業は企業で人材育成してくださいよ」なんて吠えたところで、「じゃあお前みたいなのは雇ってやらないからな」と言われたら終わりなんですもん。生殺与奪、つまり「もらい」を給与というかたちで、決める側（＝雇う側）が握っているのです。まぁこの時点で私からしたら大いに疑問ですが、それについては第３章で詳しく述べてまいりましょう。社会システム（流れ、構造）として起きていることを理解する必要性が伝わると幸いです。

＊

本筋に戻りますが、「学歴が職業選択にも影響するのであれば学校で学ぶことと仕事内容は当然、バッチバチにリンクしているんですよね？」という議論。これは専門的になされてきていますが、大手を振って、「学校は職場における即戦力を育成しています！」と言える状況ではないことは確からしい模様です。

「訓練可能性」としての学歴

さて、先にもう1つの検討事項を挙げました。学校教育の職業的レリバンス研究に加えて、「学歴は何の象徴として、職業采配機能を担うまでになったのか?」という点です。

職業的レリバンス研究で言うと、学歴が仕事の遂行の上手さそのものを指し示す(占える)ものとは言えなさそうでした。となると、学歴は……いったい何を私たちに教えてくれる情報だと思われているのでしょうか。

専門的には「難しい大学に入り、長い間高等教育を受けたのなら、少なくとも仕事をさせたときの『訓練可能性』はあるよね」という見地から、学歴の有用性が説明されてきた流れがあります。つまり、仕事のパフォーマンスを具体的に占うことはできなくとも、

「この人、(仕事でも)頑張れますよ!」

というシグナル(目印)、お墨付きが必要ならば、それを表すのが学歴だ、ということ

です。何を学び、何をどうやっていくか？ は未知でも、「訓練可能性」としての「学歴」を見れば、一定の達成を予見することはできなくない気もしてくると。

これを良しと考えるか悪しきと考えるかはここでは問いませんが、第1章でも述べたとおり、学歴が職業的成功を采配していくという一面は、「訓練可能性」で仕事をする様子を想像するしかないと考える理屈に下支えされているわけです。職に就いてからの具体的な仕事内容が詳らかでないとしても、歯を食いしばれる人かどうかは、学歴からわかる――いまだに企業の人事担当者も、表立っては言いませんが、まぁ否定できない見方とは言えそうです。学歴フィルターなるもので就活生を選抜している企業も、大学で学んでいることが、そのまま企業の発展に役立つとは思っていませんから。

ただ、ある程度の素地と、多少つらいことがあっても学び続け未来を切り拓いていけそうか？ そんなことは見ているようです。

余談ながら、マイケル・スペンスの「シグナリング理論」は、ミクロ経済学の概念ですが、その背景には欧米諸国における労働が大前提として「ジョブディスクリプション（職務要件）」がしっかりとした状態であることは付言しておきましょう。企業の採用活動において、「学生の本当の能力ってわからないよね」という「情報の非対称性」を基にした議論です。
他方で日本は、ジョブディスクリプションもないのに、「学生側の『能力』がよくわからない」という点だけを問題にしている状況が続いているように思います。つまり、就職活動時の大前提が欧米諸国と異なるのに、「情報の非対称性」や（企業と個人との）「権力勾配」の問題が都合よく看過されたままであることは押さえておきたい視点です。

本筋に戻りますが、実際の人事の声として、学歴についてはこんなことがよく言われますから。

・基礎学力の予測に役立つ
・努力できる人材であるかを判断できる
・高学歴の人ほど優秀だったという体験をもつ人事担当者や役員からの内定（肯定的な評価）を取り付けやすい*[38]

さて、「訓練可能性」としての学歴についても見てきました。ここで、もう1つだけ気になる言説が残ります。

「『成功』は学歴じゃわからないぜ」説です。しかしこれを聞くと、「学歴じゃわからないとしたら、何ならわかるのか？」という議論がさらに必要だ思いませんか。深掘りしてみましょう。

ちなみに、「成功」のカギは学歴ではないとしたら、あなたはほかに何を思い浮かべますか？

（１）学歴（賃金）格差と不平等問題
（２）教育内容×労働（仕事内容）の関連性の問題
（３）学歴ではない「成功」のカギ言説

（3）学歴ではない「成功」のカギ言説

学歴ではない成功のカギはこれさ、と言われがちなもの。いろいろと頭には浮かんでいるのではないでしょうか。私で言えば、本章で挙げた、本田宗一郎氏の言葉にあった「愛」や「協力」「徳」もそうですし、昨今流行した書籍を見ても「成功」のカギ言説の話が浮かんできます。

「多動力」
「1%の努力」
「聞く力」
「美意識」
「リーダーシップ」
「エッセンシャル思考」
「1分で話せ」

……と、各界の著名人が成功の秘訣をおおよそ自分がもっていると自負していそうな特別な「能力」に回収させて、「学歴ではない何か論」を盛り立てる。そう言っても過言ではありません。

「大事なのは、学歴ではない。仕事に不可欠な『能力』をもっていること、そしてそれを磨き続けることだぞ」と誇らしげに（往々にして本人は高い学歴ももっていたりするので悩ましいですが）。

学歴に関するあらゆる言説が「正しいのか？ デマなのか？」という問いに盲進する前に、この言説が意図するものと、その背景から垣間見える、人びとにとっての「正義」とは何かを考えてみましょう。慎重に精査したいのですが、私はずばり、この議論がいわゆる「コンピテンシー」と呼ばれる能力研究の系譜だと考えています。

拙著『「能力」の生きづらさをほぐす』[*39]で述べ、人材開発業界に激震が走ったとか走っていないとか聞くのですが、能力研究（その代理指標としての学歴論）は教育社会学の貢献が絶大です。アカデミアのみならず、能力開発業界が労働社会にもしかと配備されているからこそ、ここまで能力が信奉される土壌をつくっていると私は考えています。よって、包括的な学歴論を点検するのであれば、能力研究についても俯瞰しておく必要があるでしょう。しばしお付き合いいただければと思います。

「仕事力を予見したいならコンピテンシーを見よ」

「学歴ではなく、成功者は成功者独特で共通した言動パターンがありまっせ（意訳）」

そう組織心理学の観点から実証した人が、この広い世界にはいます。ハーバード大学で組織心理学の教鞭を執っていた、デビッド・マクレランドです。コンピテンシー理論の興りとその商業化の波について、拙著を引用しながらコンパクトに説明しましょう。

「（1970年代）当時のアメリカも、学歴偏重のきらいがある社会。学歴やIQテストによって仕事が決まっていた。でも、外交を担う国務省がちょうどこんな人事の問題に直面していたところだったんだ。

『学歴やIQテストでしっかり選抜しているはずなのに、開発途上国に送り込まれた我が国の外交官が短期間で帰国せざるをえない精神状態になったり、一方で、平然と大活躍したりする。同じ〝能力〟の指標で選んでいるはずなのに、どうしてこんなにも差がついてしまうのか？』

つまり、学歴やＩＱで選抜しても、シビアな任務が全うできるかを正確には予測できない。これまで測られていなかった別の『能力』が、実は仕事の出来・不出来を左右しているんじゃないか、と思われはじめていた[*40]」

――学歴や知力への懐疑が、仕事力を予見する「コンピテンシー」の機運を高めたというのです。名門校出身の高学歴な外交官を選りすぐったのに、さまざまな国際地域の任務に当たらせると、脱落者が続出したと言うんですから。「ガリ勉」と一口に言っても「激務をやり遂げるガリ勉と、そうでないガリ勉とがいるぞ」というわけです。

そこで国務省は、マクレランドとタッグを組んで、任務遂行を分かつ「能力」のあぶり出しに取りかかります。そして見出された成功者の言動パターンを「コンピテンシー」と呼んだのです。

学歴の高さで仕事のパフォーマンスを予見しようとしても外れるよ〜。これからはその職務遂行に欠かせない「コンピテンシー」なる「能力」をその人がちゃんともってるか？

これを測らないとダメだよ～と。ずいぶんと小気味よく感じられます。

その後、コンピテンシー理論の広がりはすさまじい勢いでした。私の古巣でもあるヘイグループ[*41]は企業内に行動心理学の研究所であるマクレランドセンターをつくり、コンピテンシーの見極めテスト（アセスメントと呼ぶ）の開発や、求められる職務遂行力を向上させるための教育プログラム開発など、企業コンサルティングの傍ら、知見を溜めに溜めたのでした。


この先については次章で詳説しますが、お気づきのとおり、コンピテンシーが仕事のパフォーマンスを高精度に本当に予見できるのだとしたら、学歴云々という話はもっと下火になっていてもいいはず……というのがミソです。

しかし現在において、たとえば日本の就活と呼ばれる主に大卒一括採用の就職戦線において、コンピテンシーよりも、圧倒的に学歴フィルターのほうが話題になります。どういうことなんでしょう。これが次章を通底する壮大なミステリー（大げさ）を形づくるはずです。

学歴社会論争は続くよどこまでも

さぁ本章を、次章につなげる形でまとめておきましょう。

学歴を取り巻く諸言説、および論者の研究・見解を追ってきました。「頑張った人が報われる社会」であってほしいという、一見すると素朴な願い。ただし「頑張る（頑張れる）」「報われる」の意味合いは多義的であることに、巷の学歴言説を超えて、先行研究に当たりながら触れてきました。教育が労働に期待すること、逆もまたしかり……についても、また、未来を効率よく占いたい、予測不能な未来を少しでも予見して備え、安心したい気持ちも垣間見えました。

学歴論争とはご存じのとおり、諸説あるわけですが、その玉石混交、有象無象の議論に共通している点をあえて抽出するならば、前述のとおり、「成功の予見」という究極の人間の願望をかけた〝聖戦〟だと言えます。聖戦とはただの争いではありません。各々が信じて疑わない「正義」をかけた戦いなのです。人びとは自分なりの哲学を披露してみたり、社会的にうまくいっている人はその立場から、要・不要論を展開しているようです。

人生は有限ですし、その限られた生を全うするためのリソースも有限です。回り道も大変結構なことですが、愉しんで生きるには、予測不可能性に耐え、人生の出来事に良し悪しを拙速につけることなく……という相当に達観した姿勢が求められることでしょう。

ネガティブケイパビリティどころの騒ぎではない仙人の境地……十中八九の人は、少しでもうまく立ち回ることのほうを志向するものです。学歴を取り巻く諸説が、いまだに廃れずそれなりに人びとの語り草になっているのは、よりよく生きるための探究の話であり、かついずれの論点（争点）もいまだ答え（ハック術）が出ない話題だからだと推察します。

コンピテンシーよりも結局は学歴？

また本章の最後で、学歴と仕事力をめぐる奇妙なねじれの話をしました。「職業的レリバンス」研究（学校教育は仕事内容にどれほど関連しているのか問題）で言えば、学歴不要論に一歩近づきつつ、かといってコンピテンシーもいっとき流行ったけど、廃れたな、と。

他方で結局、「訓練可能性」（勉強ができるなら仕事も頑張れる）としての学歴という考えが、なんだかんだでいまだに最も職業采配の判断要素になりうる……そんなところが学歴論の総じての現在地と言えそうです。なんたるアンビバレントな状況でしょうか。

教育内容と仕事の内容そのものの関連は薄いかもしれない。では仕事力を見極めるために「コンピテンシー」を見ればいいかと言うと、これもまた難あり。結局、「頑張れそうな人」かどうか、くらいの粒度で人となりを知りたいのであれば、学歴を参照すれば事足りるのでは？　などというわけなのです。

アンビバレントだから終わらない論争

ちなみにこの両面性というか、多面性のある議論というのは、議論を終わらせないための魔法にもなります。わかりやすくどちらか一方の論に軍配が上がるようでは、こんなに長年の論争になっていないはずです。

意見が割れている状況だからこそ、学歴社会論争は続くよどこまでも。

そういえば、ＪＡＸＡが２０２１年に宇宙飛行士募集要項の内容を改訂[*42]し、学歴不問となった年の採用結果が物議を醸したことがありました。

「ＪＡＸＡをめざして入れなかった恨みでもあるんでしょうか？」というくらい、ＪＡＸ

JAXAの宇宙飛行士応募資格の主な変更点

前回(2008年)		今回
自然科学系の4年制大学を卒業	学歴	**不問**（大学・一般教養相当の選抜試験あり）
自然科学系分野での実務経験(3年以上)	専門性	**3年以上の実務経験**（自然科学分野の選抜試験あり）
158〜190㎝、50〜95㎏	身長・体重	149.5〜190.5㎝
水着や着衣で25m×3回泳げる 立ち泳ぎが10分以上可能	泳力	**なし**（**選抜後に訓練あり**）

『日本経済新聞』2021年11月19日記事をもとに作成

Aひどい！　との意見や、当たり前だろ、などの意見も散見されました。が、お気づきのとおり学歴不問とは、機会の平等の話です。「学歴というシグナルだけを受け取って判断しませんよ」という声明です。

ただし、宇宙飛行士に求められる職務要件はかなり明確なほうでしょうから、知力その他の緻密な選抜の結果、「結果的に」学力試験の偏差値どおりに並んでしまったとしても何ら不思議ではありません。世の学歴批判は少なからず「不平等」という言葉に向けられるものですが、その中身がはたして機会に対してなのか、結果に対してなのかを考えさせる事例の１つと言えましょう。

第3章

学歴論争の暗黙の前提

学歴をありがたがるのは誰か？　なぜ「ありがたい」のか？

前章では、学歴（学校歴を含む）に向けられた各種のまなざしを整理してみました。あえてぎゅっとまとめるならば、次のような論点をさらってきました。

1つ目には、巷のいわゆる言説と呼ばれるものの多くが、その論者個人の経験に根差す人生戦略・人生訓として、学歴の効用（有用・無用〈不要〉）を語る傾向にあること。

2つ目に、教育から労働の職業采配機能としての学歴を見たときの公平性について個人を超えたところで検証を続けているのは、社会科学であること。なかでも教育社会学は中心的役割を果たしていること。

そして3つ目に、公平性はさておき、働く人を「成功」に導くには？　という目的志向的に考えたときに発想されたのが、企業中心社会におけるコンピテンシーという、学歴とは異なる「成功」予見指標の存在でした。ちなみに、企業中心社会とは熊沢誠氏の『能力主義と企業社会』[*1]の定義を拝借すると、「安定した企業社会に抱え込まなければ安定した生活保障がむつかしい社会、それゆえ企業社会のなかでの個人の評価が生活全体の明暗を決定的に左右する社会」と言い換えられます。[*2]

どれもそれぞれの立場からの、学歴にまつわる重要な着眼点であり、指摘です。ただし、社会を切り取る角度の違い、またそれを成り立たせている社会の暗黙の前提に自覚的かつ明示的でないと、いいだの悪いだの／学歴は必要だの無用だのといった二元論的な泥沼的議論に終始してしまうことも、おわかりいただけたのではないでしょうか。

ないしは、学歴をいかに皆につけさせるか？　という議論は、機会の平等という観点からの策にすぎないということも描いてきました。

ここからは、勅使川原自身の視点で学歴論争を掘り下げていきます。

主な問いとして、

・学歴という情報は就職時の選抜において有効である、とされるのはなぜなのか？
・学歴という情報が無効化されるのはどういうときなのか？

を挙げます。

そして願わくば、不毛な学歴論争を下手に飼いならすのではなく、多くのひたむきな人びとが楽しく働いたり、学んだりし続ける社会の構想に役立つような試行錯誤をしていきたい。よって繰り返しになりますが、前章までで見てきたような、学歴論争の是非は問いません。そうではなくて、看過されがちな議論の成立要件、見えにくくされた学歴論争における前提について、本章では論じてまいりましょう。巷に跋扈する学歴論の死角は必ずあるはずです。

びっくりするほど単純な問いから始めましょう。ここまで、学歴に価値を置く（有効な情報と見る）社会を巡る議論を追ってきました。議論の前提を考えるなら、次の2点が重要です。

（1）もともと誰が学歴を「ありがたがっている」のか？

（2）なぜ学歴は「ありがたい」のか？

そして議論を先取りするならば、次の3点がそのまま、学歴論争が暗黙のうちに据えている、議論の重要な前提になります。

前提（1）「労働＝企業」という企業中心社会
前提（2）仕事の内容がよくわからないから「職務遂行能力」に頼る
前提（3）お金がないと満足に生きられない、が当たり前

前提を1つずつ、詳しく見ていきましょう。

前提（1）「労働＝企業」という企業中心社会

学歴論争とは一言で言うと、学歴の価値、意味付けを巡る論争です。価値や意味を見出す・見出さないの話について、ロジカルに精査しようとするならば、その価値や意味を決める（付与する）側の言い分を考える必要があるでしょう。

つまり、学歴は要るだの、要らないだの、やんや言われる様を前章で見てきたうえで、問うべきは次の2点なのです。

(1) 大学に行ったかどうかや、名門校に行ったかどうかの「意味付け」、すなわちは学歴の「評価」を直接的に行なってきたのはいったい誰か?

(2) 誰が学歴に良し悪しという「価値」を植えつけたのか?

この2つの問いを考えるに際して、「労働＝企業による雇用」ではない事例から考えてみるとスムーズです。どういうことでしょうか。

勤め人ではない労働のかたち

企業などに勤めに出るのではなく、特定の職能を活かして独立独歩で仕事をする姿を想像してみましょう。学歴はその人の将来のパフォーマンスを予見する材料になるでしょうか。たとえば、ある15歳の青年が「僕は寿司職人になりたいんだ」と意気込んだときを思い浮かべてみます。「それなら東大に行くんだぞ!」と叱咤激励する人は……いるか?という話です。

調理師免許を取り、魚をはじめさまざまな食材の知識をつけ、「修業」というかたちで実地で学んでいくことでしょう。美容師なども同様です。昨今で言うと、データサイエンティストになるのが小学生のころからの夢だという子に、「東大に行かなきゃなれないよ！」というアドバイスをするのもだいぶ的外れです。求められる技能が明確で、その職業に就く道筋も特定の技能の有無やレベルによって明らかなとき、学校から職業のトランジションにおいて、なにも「学歴」という情報をありがたがってかませる必要は必ずしもないのです。

しかし、第1章の話を反芻（はんすう）するようですが、別の15歳が「国内最大規模の商社で世界をまたにかけたビジネスをやりたい」と言ったらどうしましょうか。名門商社の総合職には大卒資格がいまのところは必須ですし、学歴のみならず学校歴としても、上位校とされるところでないと選抜を潜り抜けることは難しいかもしれません。

現にある就活情報サイトに[*3]、2023年度の三井物産の採用大学ランキングが掲載されていたので見てみます（次頁）。おっと……。慶應義塾大学、早稲田大学、東京大学、京都大学、一橋大学……これなら「大学、それも『いい大学』に行くんだぞ！」とのアドバイスはなんら的外れではないことになります（良し悪しの話はまったくしていません）。

三井物産採用大学ランキングトップ10

順位	採用大学	採用人数
1	慶應義塾大学	29
2	早稲田大学	19
3	東京大学	18
4	京都大学	14
5	一橋大学	8
6	大阪大学	5
7	上智大学	5
8	名古屋大学	3
9	明治大学	3
10	東北大学	1

「就活の教科書」2024年6月23日記事をもとに作成

要するに、企業で行なわれず、専門性や職務要件が明確な仕事――スポーツ選手や、いわゆる資格制度のあるような専門職――に就くための切符は何か？　という選抜要件は、明確なのです。学閥という考えは一部にありますが、まずはその職業的専門性の試験をパスしていることなのです。

先の寿司職人や美容師の例のほかにも、たとえば理学療法士などを思い浮かべてもいいでしょう。「企業研究」サイトにあるような、学歴の話題はほぼないでしょう。学校ごとの国家試験の合格率ランキングなどの情報は出てはいるものの、それも就職先の病院を企業組織に準じるものとした場合、学閥の影響がありやなしやという程度の話です。

したがって、学歴という情報をありがたがるのは、企業への就職という前提があってのことなのです。しかも、企業のなかでも、現場社員というより人材の選抜や登用に携わる経営陣や人事にとってです。企業は業績を上げるために存在していますから、そこに参画することで利益をもたらし得る人材がほしいのはもっともとも言えます。

というわけでここからは、企業が学歴という情報をいかに扱ってきたか？　について、人材フローに沿って見てみましょう。

採用において――企業研究サイトの現状

企業に就職する際に、労働する前の教育の履歴を参照して、その人（の能力）を見立てようとすること。これが企業社会における労働の登竜門＝就職プロセスの１つであることは周知の事実でしょう。ある最大手人気商社への就職を狙う人の多くが、次のような「企業研究」サイトの情報を事前にチェックするのはもはや常識とも言えます。ちなみにこちらのサイトには、役員面接に備えて、役員の出身大学一覧もご親切についています。[*4]

加えて、この「学歴と年収の研究室――面接官のホンネ　大手の〝学歴と年収〟リサーチ」サイトは無償でオープンな情報提供ですが、こうしたサイトを運営する大手は、より

三井物産の必要学歴

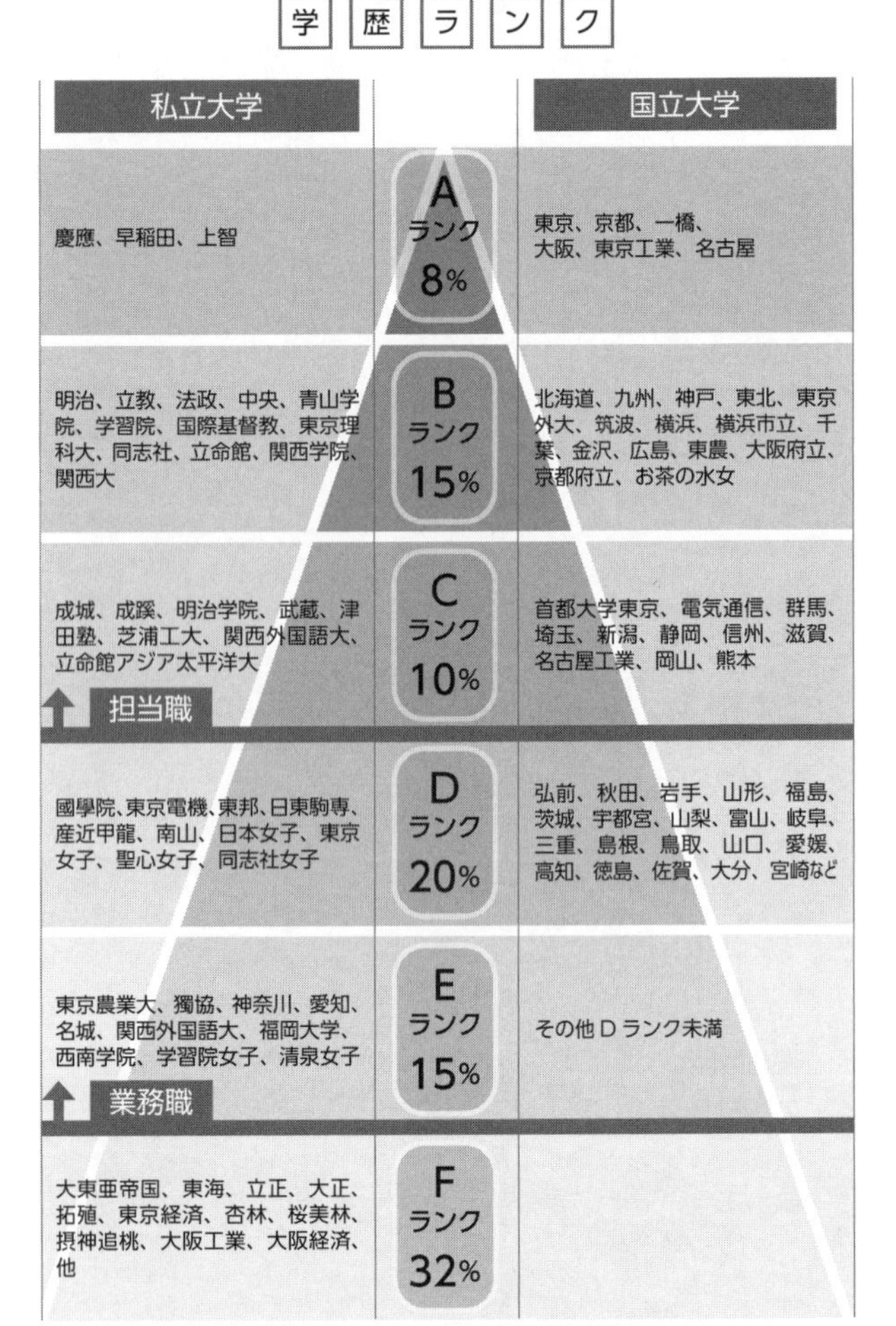

「大手の"学歴と年収"リサーチ」2022年11月21日記事をもとに作成

情報商材化している場合もあります。たとえば就活情報サービスなどを展開するワンキャリア社のサイトでは、会員登録しないと「〇〇社　採用実績徹底解剖」というシズル感のあるコンテンツを見ることができません。個人情報と引き換えに、やっと手に入れる「機密情報」なのです。

実績という「過去」の他人の情報を見たところで、「いまの」自分ができることは限られているわけですが、人気企業への就職が狭き門である（選抜的である）以上、その企業の選別傾向（評価軸）を知っておくことは、選んでもらわなきゃならない個人側にとって合理的な行動と言えましょう。

入社後の登用において

さて、仮に過酷な選抜をくぐり抜けられたとして、いざ入社してからのことも考えてみましょう。昇級・昇格などの評価・処遇の情報はより個人情報かつ企業の秘匿情報ですから、公の情報はないことを先に断ります。よって、公開されている入社後の配置や昇級・昇格の状況から事態を推察してみたいのですが、これまた学歴が何ら無縁だとは……おそらくほとんどの人が思っていないのではないでしょうか。卑近な例で言えば、日本の上場

上場企業社長の出身大学上位30校（2020年時点）

順位	出身大学	社長数（人）
1	慶應義塾大学	272
2	早稲田大学	182
3	東京大学	169
4	京都大学	86
5	日本大学	77
6	中央大学	62
7	明治大学	59
7	同志社大学	59
9	一橋大学	51
10	青山学院大学	46
11	大阪大学	45
12	関西大学	43
13	立教大学	40
13	関西学院大学	40
15	法政大学	39

順位	出身大学	社長数（人）
16	神戸大学	35
17	近畿大学	30
18	東海大学	27
18	東京理科大学	27
18	立命館大学	27
18	甲南大学	27
22	横浜国立大学	26
22	九州大学	26
22	学習院大学	26
25	東北大学	25
26	名古屋大学	22
27	上智大学	19
28	北海道大学	17
28	成城大学	17
30	東京工業大学	16

「帝国データバンク」2020年7月29日の発表をもとに作成

企業の社長の出身大学ランキングなるものを見てみるなり、なるほどなという感じがしてきます。[*7]

いやらしい話ですが、「上場企業」という序列を取り払って日本の社長輩出大学ランキングとしてみると、学生数の多い日本大学がトップに躍り出て、東大・京大あたりがすっかりなりをひそめる旨も触れておきましょう。

要するに、学歴（学校歴を含む）情報の価値づけというのは、企業の採用や昇格などを含む人事にまつわる意思決定においてなされているということです。それも暗に。

ただし、繰り返しですが、学歴は、そ

社長の出身大学上位30校（2020年時点）

順位	出身大学	社長数（人）
1	日本大学	20,231
2	慶應義塾大学	10,420
3	早稲田大学	9,865
4	明治大学	8,460
5	中央大学	7,298
6	近畿大学	6,227
7	法政大学	6,041
7	東海大学	5,770
9	同志社大学	5,057
10	関西大学	4,072
11	青山学院大学	3,895
12	専修大学	3,875
13	立教大学	3,572
14	立命館大学	3,466
15	関西学院大学	3,136
16	福岡大学	2,822
17	東洋大学	2,794
18	駒澤大学	2,730
19	東京大学	2,613
20	甲南大学	2,510
21	名城大学	2,408
22	神奈川大学	2,388
23	東京理科大学	2,225
24	京都産業大学	2,158
25	愛知学院大学	2,070
26	東京農業大学	1,955
27	明治学院大学	1,884
28	京都大学	1,810
29	大阪工業大学	1,807
30	東北学院大学	1,730

「帝国データバンク」2020年7月29日の発表をもとに作成

の職業遂行のための要素（スキル）が分解・特定されている場合には必ずしも、最重要情報かのごとく参照されない点は強調してもしすぎることはないポイントです。

したがって、学歴という個人の情報が無効化されない要因の１つには、大企業を射程とした、企業中心社会という前提が潜んでいる、という点をまずは指摘させてください。

ここからは、さらに企業中心社会において、なぜ学歴という個人情報を無効化しない慣習が続くのか？　に踏み込みます。論を先取りすると、日本型雇用慣習が、職務を特定しない方向で学歴の意味づけを強化しているメカニズムをお話します。

前提(2)仕事の内容がよくわからないから「職務遂行能力」に頼る

職務や必要な技能も明確ならば、「学歴」はある種不問に付されるという話をしてきました。と同時に、なぜ企業での労働において、こうも仕事の中身はよくわからない前提なのか？　気になってこないでしょうか。学歴が重要な情報になるくらい、企業における職務と遂行可能性は、そんなにわからないものなのか？　ちょっと不思議じゃないでしょうか。

まさかこれ、日本だけが言語化や細分化の難しい特殊な仕事をしているからなわけがありませんよね。なぜ日本企業において仕事の中身がこうも見えにくくされているのか？しかも仕事（会社）っていうのはそういうものだ、くらいに当たり前に思われているのはなぜなのか？　紐解いておく必要があります。

併せて脳裏に浮かんでくるのは、日本において「ジョブ型雇用」が進みにくいと言われて久しい話かもしれません。

職務のブラックボックス現象があるので、学歴情報くらいしか、歯を食いしばって仕事を続けてくれるかどうかの指標にはならない⁉　という不思議な構造の一端を分解してまいりましょう。下支えする仕組みとして、主に、メンバーシップ型と呼ばれる雇用システムやそれに適した新卒一括採用などの労務管理の存在を指摘したいと思います。

下支えする仕組み――メンバーシップ型雇用

他の資格制度があったり、特定の技能が明確化されている仕事においてはさして重要な情報とされない学歴。裏を返せば、学歴が意味を成すのは、労働＝企業に雇用される前提があり、かつ企業での労働の多くが、職務を特定するものになっていない場合だと考えられます。

でも、不思議です。「仕事の内容がよくわからないです」なんて大の大人が易々と言えたことではありませんから。このような現象が当たり前に受け取られている社会には、相応の根深き慣習、前提が必ず潜んでいます。そこを整理していきます。

＊

メンバーシップ型雇用について端的な定義をお伝えすることから始めましょう。「職務内容に合意して雇用契約をする欧米的な雇用スタイルが『ジョブ型雇用』」なのに対して、「職務内容を決めずに雇用契約をする日本的な雇用スタイルが『メンバーシップ型雇用』」です。[*8]

では、なぜ日本企業は長年、メンバーシップ型雇用を必要としてきたのでしょうか。仕事を任せる権限が誰にあるのか？　つまりは「任命権」の所在も避けては通れません。

まず、メンバーシップ型雇用を「任命権」という言葉であらためて定義すると、「会社が強い任命権を持ち、社員に柔軟な人材配置を命じることができる」[*9]仕組みです。逆に言えば、例のジョブ型雇用の場合は、会社の一方的な任命権行使、たとえば配置転換を会社の命令で行なうことは許されません。会社と社員の双方の合意が必要です。

ここで考えたいのはそのことの良し悪しの話ではなく、なぜ会社側は任命権にこだわったのかということです。時代背景に大きなヒントが隠されています。任命権を会社がもち続けながら、人材の確保や育成のループをうまく回せた秘訣は何でしょうか。雇用システムとそれに連動した労務管理の勘所を見てまいりましょう。

戦後の経済成長期における安定的な人材確保

時は戦後。急速な経済成長期において、日本企業は社員を組織内で長期的に育成し、さまざまな業務に柔軟に対応させる必要があったことは、おそらく想像に易いでしょう。右肩上がりの経済において、特定の職務に限定していては、変化にもスピード感にも対応しきれません。新しい業務や技術変化に対応すべく、組織に属して、持ち場を柔軟に周りながら頑張り続けてくれる社員を、内部で充足させる必要があったわけです。

そこで白羽の矢が立つのはメンバーシップ型雇用です。職務を限定せず、「頑張ってくれそう」な社員を長期雇用を前提にガサッと採用します。社員は年功序列で昇進し、ジョブローテーションが定期的に行なわれるため、組織内のさまざまな部署で経験を積むことができます。そうこうして会社全体のことを理解する「ゼネラリスト」として育成され、定年まで安泰というわけです。それぞれの仕組みを説明してまいりましょう。

「守ってやるから頑張ってね」

戦後の労使関係において、先の任命権という意味では明らかに、企業のほうが優位な立場に思えます。しかし、ある程度の保証を前提として、「というわけで柔軟にやってちょうだいね」というお願いを可能にしている点がミソです。これぞ、終身雇用を前提とした、長期雇用慣行を伴うメンバーシップ型雇用の特色です。
企業は終身雇用を前提に、長期間にわたって従業員の生活を保証することで、従業員を家族のごとく扱っているとし、忠誠心や仲間意識を高めることで途中の離脱（離職）を防ぐとともに、労使紛争回避にも一役買います。

「僕らはファミリーだから、何ができるか（職能）より、誰とやるかだよね♪」

なんて具合に、会社（経営陣や主に人事部）が任命権を固く握ったまま、従業員を一社で長期的に飼いならすことに、メンバーシップ型雇用というスタイルは見事成功したと言えます。

職務の流動性と柔軟性の確保

ただし、終身雇用を前提とした長期雇用慣行も、一カ所の部署で仕事をしていたのでは流動性を確保できません。社員を長く雇う代わりに任命権をもつ会社は、社員が企業内でさまざまな職務に柔軟に対応することを重視して、特定のスキルや職務に縛られない「ゼネラリスト」育成を伴う、定期人事異動やジョブローテーションという仕組みも整えました。企業は社員を必要に応じて異動させたり、新しい業務を担当させたりできるため、職場の流動性と柔軟性が保たれやすく、経済の変化にも対応しやすいと考えるためです。

具体的には、営業、企画、管理部門などさまざまな職務を経験させておけば、会社にとっていいことづくめです。

・どの部署のこともある程度把握した人材を確保できる
・状況に応じた人員を配置できる体制が整う
・複数の部署や職務を経験し、多様な人と関わる機会が増えることで、社員間のコミュニケーションが活性化し、組織全体の一体感が高まる
・縦割りの弊害が緩和され、社内の連携やチームワークが強化される
・異なる職務や役割を経験することで、広い視野と調整力を身につけ、将来的に管理職やリーダーとなる人材にとって、組織全体の流れや他部署の仕事を網羅できる
・つまり、組織横断的なマネジメント人材育成にもつながる

……いいことづくめですよね。

まぁただ懸念点として、個人にとってはスペシャリストになりにくい、企業側からすると職務要件の精緻化は一向に進まない点が挙げられるのはお気づきのとおりです。

日本の社会的・文化的背景

またこれらの仕組みは、鶏と卵のような話でもありますが、日本の社会における、組織への帰属意識を重んじる文化とも相性がよかったと言われています。社員にとっても、企業はたんなる職場以上のものとして捉えられることが多いです。メンバーシップ型雇用は、このような文化的背景とも親和性が高く、企業と社員の一体感や忠誠心が期待されていたわけです。

つまるところ、日本の雇用がメンバーシップ型を採用してきたのは、長期雇用と安定成長を志向する戦後の経済環境、労使協調の重視、そして柔軟な人材活用や日本の文化的な帰属意識などの複合的な影響があることが見て取れるでしょう。

ちなみに、ジョブローテーションするたびに給料が変わるようでは煩雑すぎます。よって、職務に報酬が紐づいているのではなく、その人に対して報酬が発生しているとするメンバーシップ型雇用は、報酬設計、運用の観点からも整合性を取りやすいものでした。

下支えする仕組み——新卒一括採用

もう1つ、日本企業が職務を限定してこなかった背景として忘れちゃいけないのが、新卒一括採用という雇用慣習です。なぜ新卒一括採用が必要とされ、またこれほどまでに定着することとなったのでしょうか。駆け足でおさらいしておきましょう。

戦後の経済成長期に、大量の人員（労働力）が必要となりましたが、長期雇用かつ年功序列の人材マネジメントシステムにおいては、その年々で定年を迎えて一気に退職する分を、ガサッと採用したくなるものです。安定的かつ定期的な、次世代要員の補充のために。そこで目をつけたのが、大学を卒業するタイミングで一括して新しい労働力を確保する新卒採用です。学校卒業の時期に合わせて一斉に採用活動を行なう合理性は、たとえば次の点です。

同時期に、同じような年齢の若者を入社させることは、人材育成、マネジメントコストとしても秀逸です。個々人の仕事の成果を把握して、到達度を測定、評価し……なんてやらずに、年功序列の賃金体系であれば、同時期入社者は自動的にほぼ同じような昇進カーブを描くことを前提とすればいいのですから。

なおかつ、育成も、新卒者を丸ごと社内で一から教育していくスタイルが確立され、効率もよければ、企業は自社の文化に合った人材を長期間にわたって育成できるという利点もあります。これにより、安定した雇用と組織文化の維持にもつながります。

毎年、日本の卒業時期から逆算して、ほぼ決まったサイクルで就職活動をすることにすれば、計画性という意味では企業側も個人側（学生側）も備えやすい。スムーズな教育から労働への移行を可能にしたわけです。ちなみに、日本経済団体連合会（経団連）が会員1480社を対象にした2021年の調査によると、この新卒一括採用の実施割合は91％となっています。ほぼみんな!!

これはやっぱり「よくできた」仕組みです（いいとは言っていません）。メンバーシップ型雇用、新卒一括採用、終身雇用を前提とした年功序列型賃金などは、職務内容以外は、就職のタイミングも採用ターゲットも、辞める時期までがちがちに決めたものです。

これは逆に、雇用の流動性を阻害することもできるのです。いつでも誰でも会社を飛び出せるはずもないシステムですから。一社でよしなに、つつがなく、臨機応変にそのときどきに目の前にあることを「一生懸命」「頑張れば」いい。仕事とはそういうものである

――という労働観ができたことは必然なのです。

仕事の「出来」ではなくて、頑張るかどうか

この労働観であれば、職務を特定することは不要、不可能に近いでしょう。かつ、この労働観であれば、入社前に個人に対して把握しておきたいのは、

「一生懸命」やる奴なのか？　「頑張れる」のか？

くらいです。シナプスがつながりますね？　学歴という過去の実績と努力の指標は、その意味では適格な代理指標であるわけです。態度・姿勢が「仕事の評価」にすり替わる土俵が、暗黙のうちに整っていると言っても過言ではないでしょう。

労働法研究の第一人者である濱口桂一郎氏はこう言います。[*10]

「学校教育は職業キャリアに大きな影響を与えています。ただし影響を与えているのは、

教育内容ではなく学校の偏差値です。その学校で何をどれだけ学んだかではなく、その学校に入る段階の学業成績が重要なのです。就職の際に企業が若者に求めるのは、その企業で使える技能を学校で身につけてきたかどうかではなく、その**企業で一から厳しく訓練するのに耐えられる素材かどうか（官能性）なのです。これを私は『教育と職業の密接な無関係』と呼んでいます**」（太字は筆者による）

少し余談ですが、このことはアメリカから「成果主義」なるものが輸入された際の抵抗、その後の廃れ方を見れば、察しがつくものです。成果主義は日本の人材マネジメントにおいて失策として語られますが、成果主義自体が日本になじまないのではありません。敗因は、これまでメンバーシップ型雇用でろくに「成果」なんて定義してこなかったものを急に、「成果主義」≒「目標管理」という形などで、とってつけたような数的目標管理を押し付けっぱなしにしたことです。

職務要件もなければ、求められる成果も明示されぬまま、メンバーシップ型雇用でごっそり採用される。配属や転勤の「ガチャ」を前提として、あちこち飛ばされながらも、会社に面倒見てもらってるし、と、まじめに頑張ってる感が評価されてきた私たち。それを急に、Performance-basedのパフォーマンスが「数的に評価可能な実績」くらいの意味に矮小化されては……。おあつらえ向きの振り返りと講評を垂れ合う……という評価の伝統芸能が誕生するのも無理はありません。

とってつけた「成果」主義によって、ただでさえ職務が曖昧なのに、「成果」も曖昧なくせに、妙に数字で言い切って管理するような使い物にならない代物が出回った。これが、成果主義を巡る私の見方です。

さて、本題に戻ります。

ここまでをまとめると、さまざまな戦後日本の経済的、社会的背景から、企業は安定的かつ柔軟な配置・処遇を任命権をもつ形でやりくりしてきました。企業にとっての安定的な人材の充足や、柔軟な人材管理は、個人にとっての専門性の追求とは相反するものだったということです。

仕事は本来、職務の内容とその遂行に求められる技能が明示されていそうなものですが、前述の前提では、むしろ仕事の内容を不明瞭にし、ブラックボックス化させておくことの利便性が勝ったわけです。「この仕事には〇〇の知識とスキルが必要ですが、あなた

はもっていますか？　スキルチェックをしましょう」ではなく、ざっくりと、この先何があるかは神のみぞ知るなかで、

「一生懸命」やる奴なのか？　「頑張れる」奴なのか？

こそが、企業が知りたい情報になり下がったのはこうした流れを汲むものでした。

ただ、頑張れる人かを知るために、企業はへたにリソースはかけられないとなると……一生懸命働けるか否かを知ってから、給与という形での配分を決めたい。それがまさしく第1章で紐解いてきた、配分原理としての能力主義なわけです。能力を知って、採用や、配置、登用、処遇といったことに至るまで、人の「評価」に関するもっともらしい情報、理屈にしたいのです。

とはいえ、目つきを見ればその「人となり」を理解できるよーと言う人が仮にいるかもしれませんが、それでは選考者（評価者）次第の主観的な見方になってしまいます。主観性では昨今の科学至上主義においては、周りを納得させる理屈たりえません。立ち居振る舞いも同様です。面接でいろいろな角度から質問したり、テストのようなもの（アセスメ

ントと呼ばれる）を実施したりして「仕事ができる人なのか」を知るのも十分考えられるのですが、いかんせん、リソースを食う。インターンシップのように１週間、２週間と働きぶりを観察・評価するのもいいけど、これはもっとリソースを食う。

……となると、学歴（学校歴を含む）――やっぱりいいじゃないですか。

これまでの実績と努力できそうな度合いが、偏差値別の序列に従ってなんとなく推し測ることができるんですから。こちらが質問を工夫して、面接を実施したり、テストを公平な形で実施したりする手間なく、もう過去の実績が物語ってくれるのだとしたら。学歴という情報はこうして一定の有効性があるものとされ続けてきたのです。

前提（3）お金がないと満足に生きられない、が当たり前

さてさて。学歴社会にえさをやっているのはどこの誰なのかを見てきました。そして、「学歴という情報をありがたがるのは誰か？」という問いから、職務が特定されていない日本企業が、メンバーシップ型雇用や新卒一括採用がメインストリームである日本型雇用＝労働とされた社会の立役者であり、それゆえ、学歴による選別が価値をもっている状態

をつくりだしていることを述べました。

ここでもう1つだけ、学歴という個人の情報に価値が置かれる理由として、根源的とも言える前提について言及して、本章をまとめていきます。それはずばり(めちゃくちゃ素朴な話なのですが)、

「お金はあるに越したことはないし、逆に持たざる者は満足に生きられないよね?」

という価値観に依拠している、という点です。

「有利・不利」議論の根っこ

あえて言葉にすると、不気味に思ったかもしれません。ただこれは、本書を通底する骨子でもあります。つまり、学歴に限らず、何か社会現象について議論される際に、往々にして「有利な人と不利な人がいる」という二項対立的問題設定がされてきた点を挙げて、その「有利」「不利」というのは、いったい何に対してか? と問い直しをしてきました。

その意味で言うと、「多くを手にするのが有利、もらいが少ないのが不利」と語られて

きたことは前述のとおりです。学歴であれなんであれ、有利・不利、「格差」という形で物議を醸すのは、換言すると誰しも、「豊かに暮らしたい」という素朴な人生の願い、人の「しあわせ」のイメージなどがあると言えましょう。

だからこそいま、ユーチューバーという職種が誕生していることに鑑みて「学歴なんて」という意見が出るのも、ある種納得の事態とも言えます。コンテンツが面白いと周りに思ってもらえて耳目を集めれば、お金は入ってくるわけですから。学歴関係なしに。

第2章で見てきた言説もそうでした。「労働者として雇用され、給与所得を得る際に、学歴が有利に働くかどうか？」という話を、自身の経験をベースに語っている著名人を紹介しました。「インフルエンサー＝巨万の富」と結びついた社会にあって、企業に雇用されるわけでもなければ、漠然とした職務を40年かけて粛々とやっていく……みたいな世界線と対極にあるわけですから、そりゃあ学歴無用論が勃興したり、それに対して学者が「いや、学歴格差は増大していて、もはや『学歴分断社会』なんだ」とか、「『学歴の効用』は右肩上がりだから、より多くの人が高等教育を受けられる社会にしたほうがいいですよ」などと侃侃諤諤と議論されるのも至極当然です。学歴論争の現在地はまさにここにあるのです。

年収という被説明変数

ただ、ここで本書が目を向けようとしているのは、そういった先行研究とて、「年収」を被説明変数にして分析している点です。

そこに付随する問いは、年収の差は何の差か？　ということなのです。年収の違いを重回帰分析によって、学歴（学校ランクという意味での学校歴を含む）という変数が差分を説明することを訴えている――これが、ポジショントークを超えた、アカデミックな学歴論の様相です。

余談ですが、第1章で福澤諭吉の世に知られた言葉を挙げましたが、こう二の句が継がれることは言いすぎても言いすぎることはありません。「天は人の上に〜」のあと、

「されども今広くこの人間世界を見渡すに、かしこき人あり、おろかなる人あり、貧しきもあり、富めるもあり、貴人もあり、下人もありて、その有様雲と泥との相違あるに似たるは何ぞや。その次第甚だ明らかなり。実語教に、人学ばざれば智なし、智なき者は愚人なりとあり。されば賢人と愚人との別は、学ぶと学ばざるとに由って出来るものなり」[*11]

「平等なはずだが、明らかに差異があるよね？」「貧富や社会的地位といった差異を生むのはちゃんと勉強したかどうか？」じゃないの？　とあの時代にすでに言っているわけですね。差分を見つけるなり、合理的な説明をしたくなる――これはいつの時代も人の性なのかもしれません。

話を元に戻しますが、研究も、巷の言説も、「稼げる」＝人生の達成と被説明変数に置いたうえで、やれ学歴の要不要を語ったり、「効用」を示している――と言えます。

ゆえに、学歴論争の暗黙の前提その（3）として、「生きるには『お金』だよね、に社会的コンセンサスがある状態」を挙げさせてもらいました。

これが平等、公平の観点で語られるのは、大変肝要な話ではあります。ただ同時に、学歴社会がいいとか、悪いとか、不公平だと語る前に私だったら、

「お金がないと満足に生きられない社会」

「お金が生存権を脅かし得ることに疑問をもたない社会」

のほうにも大いに疑問があります。皆さんはいかがお考えでしょうか。さまざまな人の不運をたくさんの人で支えるような福祉国家と真逆、いわば新自由主義的な「夜警国家」（小さな政府）に近い前提に立ってこそ、努力と実力の指標としての学歴という情報をありがたがることがわかります。

「問い」を変える必要性

本章をまとめます。学歴が意味をもつ理由を日本型雇用の背景を追いながら見てきました。職務を特定なんてしていられなかった時代の日本企業の飛躍の理由も見て取れたかもしれません。それが同時に、職務要件の明確化を阻み、結果的に学歴という個人情報をありがたがるという副産物をもたらしたのでした。

つまり、学歴論争をつぶさに紐解くことで見えてきたのは、日本の職務遂行能力を中心とした、曖昧な職務要件に基づく企業中心社会、低福祉低負担な「夜警国家（いわゆる小さな政府）的能力主義」でした。

ここまでの話から、「では日本はメンバーシップ型をやめなければならない！」とか、

「でもやっぱり学歴は『有利』に働くんじゃないか？」などという二元論的なディスカッションは、毛頭しようとしていません。次章以降に詳説しますが、私は「学歴が個人の人生の分かれ道くらいの、重大な情報に今後もなるのか？　なるべきか？　代案は何か？」が問われてしかるべきだと考えています。とくに、

仕事というのはチームのなかでどう回っているのか？

この問いは、学歴に良し悪しをつけたり、日本型雇用に良し悪しをつけるような議論では到底突破できません。もっと鳥の眼、蟻の眼の着眼が必要なのだと、教育社会学を修めた組織開発者として確信しています。

どういうことかと言うと、「部下との面談を週に何回やったか？」とか「売上を何％伸ばしたか？」とか、そんなことが仕事の「でき」を決める指標になりうるか否かなんて話以前に、仕事というのは組織（チーム）のなかでどう回っているのか？　という話が根底にあってしかるべきだと考えるのです。仕事は、一部の選ばれしスーパースターが行なっているわけでも、気の利く有能な社員だけで回してきたはずもないのですから。

1人の人間が仕事というものをうまくやる、頑張れるかどうかの代理指標だと見立てたときには、1人でやってきた馬力、根性、努力、我慢……などのものさしとして学歴を見ることに一定の理解はできます。

しかし本書が述べようとしているのは、仕事というものがこれまで学歴でその成否を占おうとしてきた実態と比して、万能な個人の営為ではなく、不完全な、凸凹のある個人が発揮する「機能」の組み合わせで行なわれているとしたら？ に対する問いです。「働くということ」の解きほぐしをしたうえで再考するに、「仕事をうまくいかせるための組み合わせに必要な情報を学歴で本当に得られているのか？」と問われて初めて、学歴論争はただの水掛け論、ポジショントークを脱することができるのではないでしょうか。

学歴は、チームで仕事を回すための情報になっているのか？

もう少し言うと、人間というものを社会に真空で浮かんだ個人単位で捉え、その言動の集積としての業績（能力）も個人単位で考えるならば、その人の能力を何で測ろうか？ どう測ろうか？ どう評価という良し悪しをつけようか？ という話をし続けることになりますが、いったいこれをいつまでするのか？　ということです。

この前提に自覚的でないまま、
・学歴なんて仕事での成功を予見できない
・いや、学歴が生涯年収に影響していることは明らかなのだから、人びとが出自の不平等を超えて公正に学歴をつけるために、公教育や公的支出で支援することが必要だ
などなどの議論をしていては、「ではどうすべきか？」に対しては、永遠に応えられないことになってしまわないかと懸念しています。

社会階層移動のような古典的なフレームワークで、検証・議論をし続けることは可能は可能ですし、それが社会の不平等といった大事な一面を描くことは確かです。しかし、たとえば、生活苦の子どもたちほど、「学校が楽しくない」と答えているというファクトを目の前にしても[*12]、「学歴の効用は増大しているから、皆大学まで行きましょうよ」だなんて、どの口が言えるでしょうか。

学校が楽しくない、安心安全な場だと思うことができない子たちが、高学歴を迂回し

て、高い収入を手にしていかないといけない世の中にも、問題はないでしょうか。むしろ、学歴の大元である学校が、高中社会階層に適応したつくりになっていて、その打破がなんら図られないことだって、問題なのではないでしょうか。

学歴という過去の話で、仕事という未来の話を占うのなら、教育（学校）から労働、生活全般まで幅広く把握する必要がある。私はそう考えるのです。

そこでまた、「社会は『平等』か？『公平』か？」といった話にこだわりすぎると、これまた定義が難しい。価値判断を内包したような問いは、往々にして解けない問題になり、結果的に問題提起そのものが風化する恐れもあります。

「現状の適応」を超えて——平等・公平を超え、公正の観点から

したがって私は、身近な事実が大切だと考えています。社会の見方はいろいろあるでしょうが、事実として、皆もうこの世に生まれてしまっている以上、生き合っていくほかありません。

それなのに、社会を見渡すと、選ばれし者しか生きられないことを所与（前提）のもの

としているかのごとく、「誰が得か？」「何が得か？」「自分はどうなのか？　あの人は？」としきりに監視し合い、競争し、生き抜くことを余儀なくされています。学歴と年収の関係もライフハック術のように語り草になっていますから。

　しかしそれでは、現状の適応にしかならないのも確かなのです。適応に向けたハック術ではなく、問題提起によって、労働社会を少しでも有意義なものにしたいと私は思います。いわば、「平等」「公平」を超えて、「公正」かどうか？　という視点で社会を解きほぐそうとしています。イラストの右端が「公正」という観点です。

　つまり、野球観戦したい人びとに対して、そもそも背の高い柵は必要なのか？　なくてもいいのではないか？　との視点を具現化した状態です。現状への適応にとどまらず、そもそもの実態を問い直していることがおわかりいただけるでしょう。

仕事の話に戻すと、学歴社会の前提である、仕事というものの中身をさして考え尽くしてこなかった雇用背景にはたしかに一定の合理性がありました。しかしそれを続けなければいけない、と決まったわけではありません。人口増加社会じゃあるまいし、これからいっそうの人手不足が進むことは目に見えているのに、いま以上の厳しい選抜を所与のものとして、選抜・競争に打ち勝つ個人の量産――これが本当に私たちの願いなのかどうか？と問うことこそ、必要ではないでしょうか。

いわば、「仕事の実態に合わせて、皆で手を取り合う＝組み合わせるために必要な情報を、今後はとっていきませんか？」が本章を眺めるに際しての、私からの提案です。

「組み合わせの妙を知るための情報が、学歴や学校歴なのかどうか？」

これこそが、今後、公正の観点から一考に値する問いになってくると考えます。それも含めてあらためて、「仕事をするとはどういうことなのか？」を実践知から提示したうえで、論争の死角とその突破口を見出してまいります。

コラム① 「リスキリング」という誤解とコンプレックス産業

「会社で『生き残る』ために〜リスキリングを成功させるポイント」のような見出し[*1]を目にするたびに、ざらざらとした気持ちになるのは私だけでしょうか。経営戦略としての「リスキリング」の話が個人の「学び直し」にすり替わっているからです。もともとの英語の reskilling という言葉は、組織が新たな事業戦略に必要なスキルを習得する機会を従業員の就業時間中に提供することを指すものです。

つまり、リスキリングの本来の意味は、人材不足やAI化に伴って消失するかもしれない労働を、DX化で求められるスキルをもった人材に移し替えていこうという労働移動に向けた取り組みを前提とするはずでした。少なくとも、当初は。

よって、単純に個人の「学び直し」なら、「リカレント教育」や「スキルアップ」といった言葉が類語になるはずで、上記のリスキリングの主体はあくまで企業である点は強調しすぎてもしすぎることはないのです。「生き残り」だなんだと物々しいですが、それは「企業の生き残り」が根底にあってしかるべきということです。

しかし最近は新聞ですら、「リスキリング（学び直し）[*2]」と、まるで同義かのごとく並列した表記を是としているらしく、なんだかなぁという気持ちに。それでは、一般の人が「リスキリング＝個人の学び直し」と解釈するのも無理はありません。

だからといって、このまま社内労働移動を前提にスキル習得を就業時間中に行なう意味が消え失せ、個人に新たな能力やスキルの獲得を際限なく急き立てていいのかは、大いに疑問です。論旨を先取りすると、私は日本版リスキリングの現状は、日本のメンバーシップ型雇用の問題の投影そのものだと見ています。本コラムでは次の3つの観点から問題提起を試みます。

3つの観点とは、（1）定義があやふやな点、次いで、（2）態度主義的な経過を辿っている点、（3）成果・評価の議論が抜け落ちている点です。この3点への自覚なき議論では、労働移動を前提としたリスキリングは現代のおとぎ話と言っても過言ではないでしょう。

なぜなら、新しい概念の定義をあやふやにしたまま、それも個人の態度や意欲の問題とし、さらには、その達成をどう評価するか？　についてはろくすっぽ議論しない――これはリスキリングに限らず、経営・人事の流行り廃りをつくるときの基本メカニズムにほかならないからです。ナウい（死語である）か否かの議論だけは盛んにやって、具体的な実践については現場任せ。ゆえに中身の検討まで何ら至らず、消費・衰退する可能性が否めないことを私は危惧しているのです。

いや、もっと言えば、現状のリスキリングが廃れるのは構わないが、個人を急き立てる手練手管（てれんてくだ）の施策が次々に叫ばれると見ています。そうしてさしたるイノベーションもなければ、労働移動もないまま手元に残るのは、ただただ「求める人材像」めがけて右往左往し、疲労困憊した労働者個人になりはしないでしょうか。

（1）定義からねじれた日本版「リスキリング」

日本の「リスキリング」は初っぱなから、定義でしくじっていると言わざるをえません。reskillingがアメリカで登場したのは、2015～16年頃とされています。日本では、たとえば『朝日新聞』のデータベースを遡ると、2021年10月に、労働流動性を高める政府主導の施策の例として「リカレント教育」と並列して紙面（全国版）で初お目見えしているのです。[*3]

ちなみに国会ではどうでしょうか。『朝日新聞』記事の2カ月後の2021年12月に「リカレント教育やリスキリング」を国に支援するよう求める発言として初登場していることが確認できます。[*4] 当時の岸田文雄首相は「学び直しや職業訓練の支援を行なって、円滑な労働移動（中略）実現していかなければならない」と切り返しており、知ってか知らずか、行為主体が個人のような、企業のような、絶妙なぼやかされ方がここでもうすでになされてきたと言えます。

つまり、全国紙にしろ、国会答弁にしろやはり「リスキリング」は出端から、「リカレント教育」「学び直し」とおおよそ同義のものとして扱われてきており、かつ、行為主体が個人なのか企業なのかうやむやな感が否めないまま、今日に至るというわけです。

この背景はと言うと、思いのほか単純な話だと見ています。労働移動を前提として、社員の就業時間中のスキル獲得を企業が支援する——なんていう本来の reskilling は、日本の雇用慣習からほど遠いものだからです。というのはご存じのとおり、日本の雇用慣習と言えば、メンバーシップ型雇用に代表されます。ジョブ型雇用との最大の違いは、労働者個人が遂行すべき職務（ジョブ）が雇用契約に明確に規定されない点であることは周知の事実でしょう。

日本以外のジョブ型雇用ははじめに「椅子」（職務のたとえ）ありきであるのに対して、「日本の雇用契約は、その都度遂行すべき特定の職務が書き込まれる空白の石板である」と濱口桂一郎氏は『ジョブ型雇用社会とは何か』[*5]において看破していま す。雇用時点で職務を特定しない（決めない）ことで、柔軟性という名の会社の人事権を維持強化してきたのです。ゆえに、雇用という人材との初期タッチポイントからして、職務の話は二の次で、会社の一員（メンバーシップ）にふさわしいか否かが重要とされてきました。

この大前提であるから、「社員の職務を棚おろししたうえで、今後必要とされるであろう領域を特定し、それを職務要件（ジョブディスクリプション）に落とし込み、斜陽事業から移し替えていこう」——なんて、およそミッションインポッシブルでしょう。これまでそれをやらずに維持、運用してきた雇用モデルとは端から相容れないような方針を、日本企業がやすやすと受け入れ、彼ら主導で労働移動に向けた職務の整理を行なうなんて……とんでもない。

となると、です。次に考えたいのは、日本型雇用に合わせてリスキリングを定義しよう、という話かと思いますが、それにも落とし穴があると考えています。というのも、定義以前に労働に向けられるまなざしそのものに、我が国独特の偏りがあるからです。どういうことでしょうか。

(2)態度、意欲の問題になりつつある

定義の現在地をさらに確認するため、メジャーなリスキリング推進団体のウェブページを覗いてみましょう。「リスキリングサミット」[*6]なる著名な催しもののページには驚いたことに、「意欲」という言葉や「能力獲得」「向学心」(!)といった力強い言葉が並んでいるではないですか。労働移動に向けた企業のスキルマネジメントの話では毛頭なさそうです。

もう一つ、「日本リスキリングコンソーシアム」のウェブページも覗いてみましたが、もっと強烈で……。トップページに「今あなたに必要なスキルと仕事が見つかる」とのコピーが躍っています。やはり、リスキリングとは大前提としてスキルアップやキャリアアップと同義の、個人の自己研鑽であり、そこに問題があるとしたらそれは労働者個人の「やる気」の話なのです。

日本のメンバーシップ型雇用は、いつだってその職務(ジョブ)を特定してこなか

ったがゆえに、〝わが社の「会員(メンバーシップ)」として適切か否か〟を、具体的なスキルや技能ではなく、その労働者個人の「意欲」「態度」「姿勢」に求めてきました。これはリスキリングブームにおいても例外ではありません。あやふやな定義のまま、それでも「頑張ってる(っぽい)」「自己研鑽を積んでいるらしい」かどうかで、評価するきらいが見え隠れしているように思えてならないのです。ただ考えてみてください。おぼろげなものをおぼろげに取り扱い続けていて大丈夫でしょうか。

本来の意味でのリスキリングを本当に進めるのなら、労働移動の話がこの日本的な態度主義、すなわちは労働者の「やる気」の問題にすり替えられがちなことにせめて自覚的である必要があるのではないでしょうか。

余談ですが、リスキリングの共起語を検索するのも一興です。「補助金」「助成金」の文字がずらり。お金の匂いがぷんぷん……これ以上は踏み込みませんが。

さて、ここまで企業が取り組むべき労働移動を射程にした経営・人材戦略の話が、あやふやな定義に始まり、労働者個人の意欲の問題へのすり替えを経て、すでに眉唾感が出ていることを挙げてきました。現状の打開に向け、我々が本当に躍起になるべきは何か? を考え、本コラムを閉じてまいります。

（3）抜け落ちた「成果」の議論

先達の議論を参考にしてみましょう。リスキリングのこれからについて、ある民間の労働研究機関が経済産業省の検討会で発表した資料が手元にあります。[*7]

リスキリングの本来の定義や、海外との比較、リカレント教育や学び直しといった似て非なる言葉との違いの説明などが並んでいて、「リスキリングの何が日本企業にとってチャレンジか？」で締めくくられています。そして、①どのスキルを教えるべきか？ ②どう教えるべきか？ ③どう（必要性を）伝えるべきか？ の３つが要点だと。

何を教えるべきか、どう教えるべきか、それをどう啓蒙すべきか、という意味では、一見すると妥当そうに見えます。しかし私からすると、肝心要の議論が抜けているように思えます。

つまり、仮にある人が企業の支援を受けて「リスキリング」したとして、それを企業はどう「評価」するんですか、という点です。さらにはどう「分け合い」（配分／処遇）に反映させるんですか、という点についての言及が、非常に限定的なのです。

どう伝播させようか？　の前に、何をもってその「成果」にするのか？　の議論は不可欠ではないでしょうか。

じつはこのパターンもおなじみです。何をやるか、どうやるか、どう啓蒙するか、はいつも議論されるものの、何をもって「成果」とするかはびっくりするほど議論の組上に載りません。「パーパス」「ウェルビーイング」「ジョブ型〇〇」「リモートワーク」あたりも、良し悪しや目新しいかどうかの価値判断は拙速なわりに、どういう具体的な状態をめざし、それを個々人の役割や職務に落とし込むか？　は現場に一任されて息をひそめがちなのです。

私は曲がりなりにもこれまで、多様な組織を見てきて思います。経営層やそこに近い人事部は絶えず旗振りをするものですが、社員はそう器用に乗っかれません。するとと往々にして「チャレンジ精神」「主体性」などの言葉で労働者の能力・資質が問われるのが通弊だけれど、それは物事の一面にすぎないと。なぜ乗っかりきれないかって、それらの「成果」「評価」がけむに巻かれているからだと私は考えます。

何らかの新しい概念や施策が流布されはじめたときに社員としては、その必要性をいかに説得されようとも、いざ努力したらどう評価され、処遇につながるのか？　がある程度明文化されていないと、個人としてはなかなか労力をかけられないのが実際のところではないでしょうか。皆、暇ではないのですから。

能力開発が「金のなる木」のままではいけない

リスキリングをとっかかりにして述べてきましたが、こうした労働にまつわる日本の議論を見ていると、「リストラ」の話も脳裏をよぎります。restructuring はその英単語のとおり、構造を見直すということです。

日本以外のジョブ型雇用社会においては、事業の見直し（再編成）を指し示すことは疑いようのない事実ですが、日本ではどうでしょうか。会社にとって「お荷物」社員のあぶり出し、追い出しの含意があります。ジョブ型雇用が前提であれば、経営環境の変化に伴い、事業の再編成が起きれば、その事業に紐づく職務の整理は必至でしょう。

しかし、職務の議論なき会員制の日本企業においては、事業を整理するもなにも、実際には個々の職務についてよくわかっていない。よって整理解雇とて、職務単位ではなく、「役に立たないっぽい」「使えない」個人は誰か？ といった玉虫色の議論で、人生の一大事が決められていきやしないでしょうか。

とはいえ、です。残念ながら今後もおそらく「新しい時代の新しい能力」の要請というのは、国や企業から労働者個人に向けてなされるはずです。もはやリスキリングをはじめとする能力開発は個人の生存戦略とされ、生死をかけた不断の努力を強いることができますから。そうこうしてリスキリングもいわばコンプレックス産業化させておけば、「金のなる木」。これはみすみす手放さないでしょう。

だからせめて、個人はすかさず「仮に進めるとしてその成果はどう定義するのですか?」「評価と処遇について一気通貫で議論しましょう」と二の句を継いでいきたいと思っています。言葉の啓蒙に奔走するのなら、日本型雇用慣習とのねじれの指摘、社会経済的な構造を踏まえた検討が急務だと、臆せず声を上げたいのです。もっと言えば、人材にまつわる流行り廃りをつくると〈誰が潤うのか?〉と問うてもいいでしょう。

第2章で引用した盛田昭夫氏の『学歴無用論』[*8]。盛田がこれを著したのは1966年のことですが、なんとも色褪せない名著です。なにせのっけから、職務要件(盛田氏は「仕様書」にたとえている)の明示がない限り、欧米の新奇性ある概念だけを輸入しても徒労だと、約60年前に述べているのですから。もしもこの盛田氏が、令和のいまも我々がメンバーシップ型雇用を所与のものにしたまま、とってつけた「リスキリング」について侃々諤々やっていると知ったら……。「安易な敷写しは、はなはだ危険なことだ」と檄(げき)を飛ばしてくれるかもしれません。

他方で、リスキリングのような何かしら新奇性のある概念を称揚すると、その機運を高める部隊(サービス)が有象無象に現れ、問題を個人化して危機感を煽り、見事に一大産業化する流れ――能力開発というコンプレックス産業――がここまでのものになるとは、盛田氏とはいえ想像しなかったでしょうね。

コラム②　「心理的安全性」は学歴社会と蜜月？

「学歴をありがたがるのは誰か？」――そう問うてくるなかで、忘れてはいけないもう一つの概念がありました。お気づきでしょうか？　「職務遂行能力」と言うほどでもない、「この人ってだいたい『こういう人』かな」などの、人となりのイメージがある程度つく情報へのニーズです。

仲間になれそうか？　と言ってもいいのかもしれません。外資系企業の採用では「カルチャーフィット」という言葉に擬態し、求める資質・能力の一つとしていることもあります。文化的親和性、なんて訳すとそれっぽく聞こえますが、要するに、

親近感
仲間意識
安心感

を求める人間の性と言ってもいいでしょう。

この「カルチャーフィット」ですが、この類の話になると、威力をもつのは意外にも「学歴」のようなブランド、序列的に暗示する情報である点は注意が必要です。自分の出身校を否定する人はそういないでしょうし、自分が通っていた大学やその周辺校であれば、馴染みのない学歴と比べたら「察する」部分も多いからです。

こうした文化的な親和性を気にする慣習ですが、昨今の次のような企業にまつわるパワーワードも後押ししているように思います。

「心理的安全性」

です。これはハーバード・ビジネス・スクールのエイミー・エドモンドソン教授が、グーグル社と共同で行なったプロジェクト、その名も「プロジェクト・アリストテレス」において、「生産性の高いチームは『心理的安全性』が高い」と発表したことから広まった組織の生産性にまつわる重要概念です。

生産性が高い、すなわち「成功」するチームとそうでないチームを分かつのは何か？　について、グーグル社の数百のチームをさまざまな変数から分析したと言います。しかし、当初予想していた学歴という共通項や能力の指標、共通の趣味の有無などは、生産性の違いを有意に説明するものにはならなかったそうです。そして最終的に残ったのが、「心理的安全性」であり、その違いがチームの成否を分かつと結論づけたのでした。

とくに、

「例えば、チーム内でいつもしゃべるのは一人だけで他のメンバーはいつも黙っているチームは失敗するが、ほぼ同じ時間だけ全メンバーが発言するチームは成功するというのです。つまり、心理的安全性の高いチームづくりをすることが、成功のカギといえることがわかってきました。[*1]」

という具体例を新鮮に思った企業組織関係者は少なくないのではないでしょうか。

ただここでポイントになるのは、先の例示からもわかるように、チーム内で意思疎通の場があることが暗黙の前提である点です。議論の土俵や共通理解の前提はある状態の話と、まったくの「はじめまして」の場面とは異なります。

しかし、日本においてはあまりにこの概念だけがセンセーショナルに伝えられ、一大ブームになったがゆえに、初対面や、そもそも情報の非対称性や権力勾配があるような場面でも、

安心感

居場所

安全基地

だと職場を思えることの大切さが強調されすぎたように私は思っています。

双方向的なコミュニケーションを取る大前提はさておき、阿吽(あうん)の呼吸ができることの職場としての心地よさを謳(うた)ってしまうと、こんな言い分を誘発しても仕方ないのではないでしょうか？

「何を考えているかが想像もつかないような人と一緒にいることは不安だわ」と。さ

らには安直ながらわかりやすい共通点と言えば、人生をかけた愛憎劇にもなりかねない「学歴（学校歴を含む）」は、じつに使い勝手のいい属性にならないでしょうか。

「〇〇キャンパスの横にある、あの家系ラーメン屋でさぁ……」

と聞けば盛り上がれる。ないしは

「医学部棟のイタリアンよく行ったよねー」

「△△サー（サークル）はやばいって〜」

でもなんでもいいのですが、日常的な逸話（エピソード）から、互いの距離感があぶり出され、ただの思い出話のはずが、心理的な距離感そのものになる。これもまた学歴・学閥マジックだと思うのです。

しかし世の中には「学歴差別はいけません」というのも周知の事実なので、表立っては言わないのがミソです。なんなら、「心理的安全性」という掛け声のもと、あたかも正当な理由（「組織ダイナミクスに詳しい一流企業の知見」というお墨つき）から、訴求して当然のことのような錯覚に陥る。この巧みさの功罪を頭の片隅に置いておくべきでしょう。

第4章

学歴論争の突破口

学歴を言い争っている場合ではない

労働＝メンバーシップ型雇用で職務の詳細はほぼ不明のまま、日本企業への就職を前提とし、かつ、その達成は年収にあるという前提のもとでは、学歴が、仕事において発揮されるであろう「能力」の表象と化すという話をしてきました。通称「職務遂行能力」と呼ばれる能力ですが、「それをどう低コストでクイック（迅速）に測りましょうか？」と考えあぐねた末に、「受験戦争での戦歴を示す、学歴という属性を使うと良さそうだ！」と。そう社会が信じ切っていることを、我々は学歴主義社会と呼んできたわけです。

そうした前提においては、人事権（任命権）を企業側がもつ日本企業はとくに、学歴という個人情報をありがたがることになります。仕事として何をやらせるかが決まっていないのですから、我慢しながら努力してくれそうな実績を参照したくなるのも無理もないという話です。

ＯＥＣＤが２０２４年12月に公表した「成人スキル調査２０２３」の次のファクトは気になるところです。

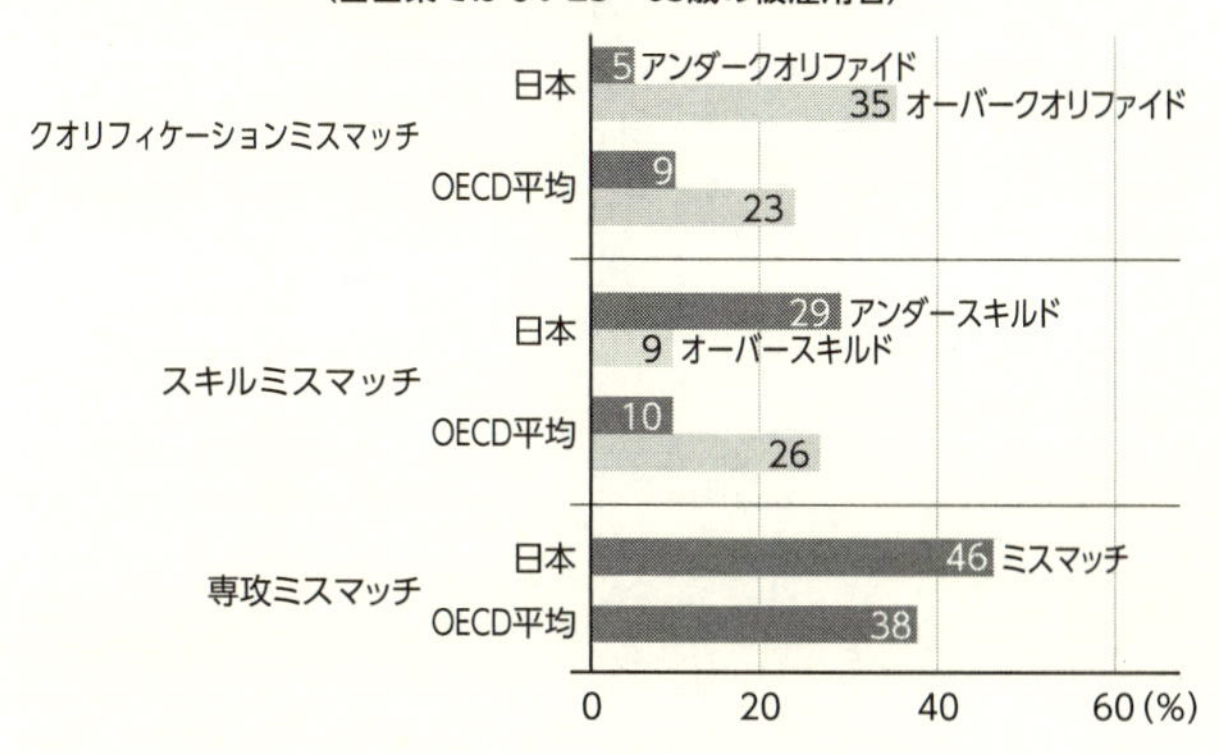

注：言語の壁によりドアステップ・インタビューのみを受けた成人は含まれていない。
「成人スキル調査 2023：日本」(OECD、2024年12月10日発表) をもとに作成

「46％の労働者は、最高学歴の専攻が自分の仕事に最も関連する分野でないため、専攻した学問分野の点でミスマッチとなっている」[*1]

最終学歴で学んだことがどのくらいいまの仕事に活かされているか？　という、典型的な教育と職業のレリバンスに関する調査項目なわけですが、日本がOECD平均で言ってもミスマッチ度が著しいとの記述がありました。

これに対して専門家を名乗る方々が「日本の職業的レリバンスの問題が〜」や、はたまた誤用ですが、「リスキリングに課題」[*2]などと発言されるのを見て、暗澹とした気持ちに

……（リスキリングの誤用については、第3章のあとのコラム①〈137頁〉をご参照ください）。私はこの結果自体についてつべこべ言いたいのではありません。ポイントは、大学の職業的レリバンスや社会人教育に問題があるかのごとく提起がされているものの、問題も何も、そもそも職務が明示されぬまま柔軟に請け負うスタイルが定着した、メンバーシップ型雇用のコロラリー（論理的帰結）だという点です。

メンバーシップ型だろうがなんだろうが、仕事を皆で「頑張って」やっていればそれなりに回っていたなら、文句はありません。

ただ、社会経済的な環境がかつてといまとで違うことが気になります。人口増加社会かつ、経済も右肩上がりならよかったかもしれませんが、いまやその真逆なので心配しているわけです。明らかな人口減少社会、すなわち労働力人口も減少することが目に見えているのに、大量消費型社会でやってきた社会原理（職務遂行能力を中心とした曖昧な企業中心社会における能力主義）のままで、うまいことといくのでしょうか。

社会の公正という観点でも、本人の努力の問題だけには到底できない学歴による所得格差というのは、もはや看過できないのではないでしょうか。加えて、過労や仕事を通じた精神障害の増加（正確には「精神障害に係る労災請求件数」の増加）なども憂慮します。

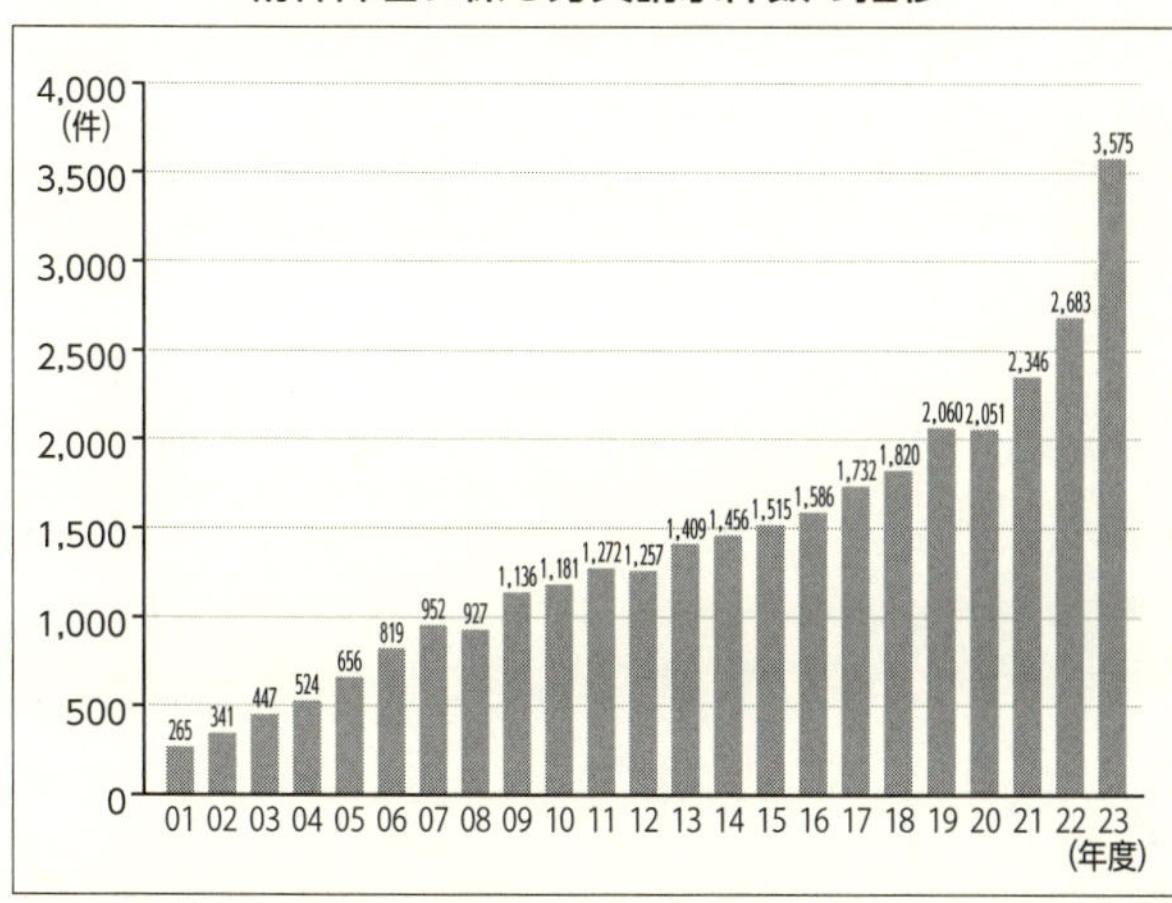

厚生労働省「過労死等の労災補償状況」をもとに作成

よって、間違いなく現行社会の見直しは迫られていると考えますが、私が問いたいのは、口角泡を飛ばしながらの学歴論争やら言説やらは、「具体的に何をどう見直せばいいのかを教えてくれますか？」ということなのです。

第３章末に提示した、「平等」「公平」「公正」のイラストのように、「どの踏み台を誰に用意すると不満が出にくい競争になるかしら？」だけではなく、「そもそも踏み台がないと見えなくしているのってなぜでしたっけ？」と問いを開いていく必要性について述べました。もちろん柵がないとホームランボールが飛んできて危険だったりなど事情はありましょう。ただ一律にすべての場所で高い柵が必要かどうか？　などは検討の余地があるということです。

これだけ話題が移ろいやすい昨今にあって、いつの時代もどこかしこでも学歴の話題というのは消え失せない点はある種……見ものです。強い影響力の表れだと思いますが、問うべきは、

「学歴について言い争っていて、社会の、とくに『働くということ』そのものがよくなるのでしょうか？」


だと考えるのです。いよいよこの答えを明示するとともに、具体的に何をどう見直していくことがいまこそ必要か？　について述べていくのが本章です。しっかりつかまっていてくださいね。

結論から言えば、労働を通じた社会経済の好循環や公正な配分を考えるのに、人の学歴を言い争っている場合ではない、ということです。「働くということ」の内実を本当に考えているのならば、現状の議論では、はっきり言って……時間の無駄です。はたと立ち止まり、次のような思考のステップを踏みたいのです。

【ステップ１】良し悪し、唯一解探しになっていないか？

繰り返しになりますが、学歴という情報を企業が知ってありがたがるのには、いくつもの前提がありました。かつその前提自体が、いまや薄氷の上にあることを前章で示してきました。

そのような大前提に触れることなく、多くのインフルエンサーたちが、諸説紛々(ふんぷん)の議論を続けているのが学歴論争です。生まれ落ちた家庭という意味での初期値の違いを置き去りにしたまま、「自分は大変だったけどいまやれている」というフレームに固執した、ポジショントークに終始しがちなことも述べてきました。

社会科学においてはさすがに、Ｎ＝１のお気持ち表明はまさかいたしません。実証的に学歴社会のあり方を探究し、学歴社会を一朝一夕に変えることができないのなら、教育への公的支出を増やすべき、など政策決定者への呼びかけをしてくれています。

よって、学歴社会を所与とした場合の適応策については研究者にお任せするとして、さらに私は次のことにも挑戦したい気持ちでいます。それは、

「学歴にどうすれば『正しい』えさをやることができるか？」

という問いへの答え探しに固執せず、こう問うてもいいのではないか？　と思うからです。

「共創のために本来必要なのに見過ごしている情報がほかにあるのではないか？　それを追求することで、学歴にえさをやらないことになるのでは？」と。

賃金格差にあえぐ人に対してアファーマティブに、「格差是正のための取り組みをして学歴をつけてもらいましょう」という方向の支援策はすでにあるにはあります。しかしそれは、「機会の平等」では掬（すく）いきれなかった層に対して、結果の不平等へのアクションをとっているものの、「公正」の議論はされていない、とも言えるのではないでしょうか。

もっと平たく言うと、「誰が『正しい』か？　誰が正統で、誰が未熟か？」などという問いが頭のなかを占拠していないか？　自らも、周囲もそうした泥仕合に躍起になっていたら、自覚し、議論の土俵を整える人でありたいものです。

現状の社会構造をオセロの石をひっくり返すがごとく一度に変えることは不可能だとしても、問題の重層的な構造を把握したうえで、対症療法だけではなく、根本治療に向けたムーブメントもつくりたい。それはハックでもチートでもなく、公正さを見据えてのことです。

【ステップ２】問題の構造を把握する（鳥の眼）

「正しさ」に拘泥しないことについて【ステップ１】で述べました。そのうえで、問題の根っこを探るべく、連関し合うシステムとして事象を眺め直すことが肝要です。

重層的、多面的、複眼的であれ

教育社会学を苅谷剛彦氏から学ぶ際に、この言葉を何度言われたかわかりません。「世の中の事象は個々に真空状態にあって、浮遊しているわけではない。連関し合うシステムだ」――と。

システムとしての社会を見たときに、この世の議論の大半が、連関し合う存在のはずなのにある一部だけを捉え、連関を切り離した状態で検討していることが多いのなんの。

ゆえにたとえば、学歴と職業との連関に問題が生じていそうだ、と仮にも疑うのならば、それは教育の側からレリバンス（関連性・妥当性）を疑うだけでは不十分だということです。教育から職業へのトランジション（移行）という一連のダイナミクスを捉えるのなら、職業側の問題（たとえば、メンバーシップ型などの雇用システムの前提の問題）を挟み込むように思考することが不可避なのです。

そのうえで「いったい全体、学校から職業への移行に際して、学歴というシグナルで判断し続けていていいのか？」という問いに戻りましょう。

「学校で教えるべきことの問題（職業的レリバンス）もあるでしょうが、それがすべてではない。職業（労働）の側は側で、学問に何か具体的に求められるほど、職務を明確にしてきたんですか？」という問題もさして取り上げられずに残されているわけです。

よって、ここであらためて明らかにしてみたいのは、「仕事って何ですか？」という怖いくらいにプリミティブな問いです。もう少し言うなら、「仕事はぶっちゃけどう回っているんですか？」ということです。

【ステップ３】問題構造の上流に分け入り、解きほぐす（アリの眼）

職務遂行の予見に学歴が使える・使えないの議論の前に、その職務遂行＝仕事をするとはどういうことか？　とやらの解像度は十分なんでしょうか？　という話をしています。

もっと言えば、

「その営為の予見に必要な情報が、学歴に（本当に）詰まっているのか？」

これをいまこそ真正面から問うべきです。先の平等・公平・公正のイラストのように、多くの人が観たいものを囲い込む必要がそもそもあるか？（学歴論で言えば、学歴がないと満足な職に就けないことを見直す余地はないのか？）と、公正の観点から思い直してみることとも言えます。

職場のつぶさな営為はどう構成されているのか。学歴が予見材料になるようなことが、本当に仕事の実像なのか。これについては、拙著『働くということ「能力主義」を超えて』（集英社新書）に10万字を割いて著しました。ですが、あとは読んでください、というわけにもいきませんので、エッセンスを本書で抽出しておきましょう。

仕事は個人の「能力」で本当に回っているのか？

この答えはＮＯです。何ができる・できない、というのは結果論であって、多様な人の身体的、思考や解釈における特徴（癖のレベルを含む）や価値観などの凸凹は当然あります。望ましい人材像とか、エースに共通するコンピテンシーとか、そんなものを明文化する以前から、私たちは生まれながらに多様です。

その多様な持ち味を持ち寄って、凸凹を組み合わせるようにして日々、固定的だったり流動的だったり、さまざまな職務に当たっているのではないでしょうか。

そのうえで、その組み合わせが（たまたまでも）うまくいっているときが、職務が「できている」と可視化されている状態だと私は考えます。つまり、いつでもどこでも「できる」固定的な「能力」というものが個人の体内だか脳内だかに内在するわけではないのです。「誰と何をどのようにやるか?」次第で発露したり、引っ込んだりするのがその人の言動であり、「できる・できない」の状態。非常に文脈依存的なのです。

よって、職場というものを、個人の固定的な「能力」の足し算で予見することは無理があります。そうではなくて、職場のダイナミクスというのは、人と人、人とタスク、人と市場環境……などなどシステマチックな関係論的状態だと捉える必要がある。そう考えるわけです。

これは逆に言うと、構造的な揺らぎを前提としたうえで、揺らぎの度合いや具合を予見するために使える指標や情報はないだろうか?　と考えることには十分な意義があるとも言えます。揺らぎある関係論的視点に立たない、職場の個人の「職務遂行能力」の代理指標としての「学歴」情報に頼って、仕事でのパフォーマンスを予見するというのは、仕事の実態を考えるに悪手と言わざるをえません。

さて、そうだとして、揺れ動く組織の生態に有用な情報は何か?

「その人の良し悪しや序列なき『情報』、かつ、それによって組織の力学がどう変化しうるのかを予見できるもの」

個人の能力という視点ではなく、組織の機能を車にたとえると？

機能	車のパーツ	ディスカッション中の言動
駆動系	アクセル	明確な意図のもとに推進に努めた
	イグニッションキー	冒頭のみ議論を推進した
制御系	ブレーキ	明確な意図のもとに議論を制止させた
	エンジンブレーキ	同意しかねる点があり、徐々に議論を制止するよう介入した
	クラクション	完全に制止させたわけではないが、議論の行方に警鐘は鳴らした
情報系	ナビゲーション	議論のゴールまでの通程を示し、横道に逸れないよう指示した
	メーター	客観的データを議論の材料として示した
	オーディオ	役に立つかどうかではなく言いたいことを言った
調和系	ボディ	主張しないが、議論の場にいた
	オイル	円滑な進行のため周囲を気遣った
	タイヤ	円滑な進行のため空気を読み、議論の流れに従っていた
	エアコン	場が心地よいものになるよう動いた

勅使川原真衣『「能力」の生きづらさをほぐす』（どく社、2022年）の資料をもとに作成

ではないでしょうか。私はこれは「能力」ではなく、安全に走行する車にたとえながら、「個人が発揮しやすい『機能』は何か？」の把握、とこれまでの拙著では呼んでいます。「機能」ないし、「持ち味」の把握は、組織ダイナミクスを予見する材料になります。何なら、意思決定現場において、誰の意見がどういう形で通りやすいか？　なども予見可能です。仕事というものが協働・共創によって成り立っているのだとしたら、この情報を得ることには一定の意味があると考えます。[*3]

チームダイナミクスの予見に役立つ情報が欲しい

さて、この個人が「発揮しやすい『機能』」なんていかに聴取可能なの（知ることができる）でしょうか。学力試験や、ＩＱを測るとされる心理検査でしょうか。はたまた、どこの大学を出たかでしょうか。

私は、ある状況下でのその人の言動の癖・パターンがわかる情報だと考えます。心理学的には「パーソナリティ」と言ったり、「志向性」などと呼ばれることもあります。ある程度の知識をもったうえでの観察によってもヒントは得られます。ないしは、自身の振返りによっても、もしくは、適性検査内のビッグ・ファイブ理論などの結果も参考情報の1つにはなります。

たとえば次頁に載せているのは、適性検査の1つであるＣＵＢＩＣ[＊4]の診断結果サンプルの一部ですが、この方は決して猪突猛進型ではなさそうです。慎重さの値が高く、アクセルとブレーキで言ったらブレーキになりそうだな、などと見立て、職場の人員のバランスを会社が考えることは何ら悪いことではありません。慎重さそのものに良し悪しがつい

採用適性検査【通常バージョン】　診断結果サンプル

CUBIC 個人特性分析　　　　　　　個人詳細

1　どういう性格・パーソナリティか

型	性格の側面		弱　　　　強	指数
思索型	内閉性	社交意識が低い		48
	客観性	思考的思慮深い		55
活動型	身体性	機敏な・気軽な		54
	気分性	感情のまま行動		33
努力型	持続性	几帳面・忍耐力		72
	規則性	常識的・順法的		66
積極型	競争性	勝気な・積極的		55
	自尊心	気ぐらいが高い		32
自制型	慎重性	見通しをつける		69
	弱気さ	取越苦労・遠慮		39

「CUBIC 適性検査」を
もとに作成

「気分性」「慎重性」など
受検者の性格面がわかります

ているわけではありませんから。
「エイヤ！　が必要な事業なのか？　他のメンバーはどういう傾向をもっているのか？」などと照合して、チームのダイナミクス（力学）を予想すること。これは共創をめざす組織人にとって無駄な情報にはなりません。

適性検査だけではなく、個人の感覚・違和感・ちょっとした情動の揺らぎなども大変重要な情報です。たとえば、「威圧的な人がいると、委縮して会議で話せなくなってしまうな」のような振り返りや観察も必要です。逆に、「あの人と話していると自分の話が面白い気がして、自信をもって話せるな」や「あの人ってこういうときは元気いいな」という観察も。逆に「怪訝な顔をした人がいると、なんとかして笑顔になってもらいたくなるな」も志向性に関する大事な情報ですし、「人の話を聞いているようで、大概自分で決めたいのでじつは大して聞いてないいんだよなぁ」と振り返るもよしです。

繰り返しますが、ポイントは反応の癖や言動パターンそのものに良し悪しや「望ましさ」はない点です。その反応の癖や言動のパターンがあるとして、「現状の組織内での組み合わせとしてのまずさがないか？」をチェックしてください。大前提として、自身の持ち味が出せて、周りから承認されている（活かしてもらえている）のが良好な組織です。

たとえば、こんな事例で解説してみましょう。

学歴で言ったらピカピカで「優秀」とされる新人が仕事で成果を出せないとします。まったく困ったなぁ、とばかりに、組織はどんな理由（仮説）を考えることが多そうでしょうか。巷の議論で多いのは、次のようなものでしょう。

・トップ層でも「最近の学生」のレベルが下がっている、とする論
・採用ミス（採用時の面接などで、このような「能力」の低さを「見抜けなかった」ことが問題だ）とする論

・そもそも「優秀」とされる大学出身でも、大学が教えている内容と仕事との連続性がなさすぎる。大学は社会に出て仕事のできる人材をもっと輩出すべき、とする論（いわゆるレリバンスの議論）

しかし、これらはいずれも能力というものが個人に固定的に内在していて、

・能力の足りない個人が悪い
・それを見抜けない企業が悪い
・いや、その前段で大学の教育が悪い

のように、「誰が悪いか？」の擦(なす)り付け合いになっている点は、ここまで読んでくださった皆さまならばお気づきのとおりです。

そうではなくて、問題を構造的に捉え直すのならば、多層的に折り重なり合う事情を紐解かねばなりません。まさに本書が第3章までに行なってきたように。

すると見えてくるのは、「誰が悪いか？」というより、ある決定的な背景事情によって

（メンバーシップ型の日本的な雇用慣習が大きいと本書は考えますが）、能力の問題、それも学歴で推し測ることの利便性が何よりも高いような状態をつくり出しているのだな——という理解です。

加えて、複眼的な思考をしてみると、企業の側の「採用ミス」云々以前に、「職務を予め、大して特定しないまま、（個人の）『優秀さ』という極めて曖昧な観点から職務遂行の予見をしようとしていることそのものの問題点」に気づいてしかるべきではないか？　ということです。

問題の個人化がもたらす3つの懸念

ちなみに、組織が仕事をうまく回しているかどうかについて、さも当然かのごとく個人の「優秀さ」の問題にすり替え続けることは、次の点で深刻です。

（1）問題の個人化によって、能力向上を理由に、無限の努力を強いられるのは個人であること

（2）その要請に応えきれない場合は、能力不足を理由に職務ラインを外されたり、精神的に追い込まれるなどの見えにくい「排除」が正当化されやすいこと

（3）個人の「優秀」さが発揮されることを指をくわえて組織は見ている（お手並み拝見している）ことを正当化するばかりで、事態の打開が遅れること

1人で行なう仕事なんてそうありませんから、相互作用的に関係し合いながら、絶えず相互変容を繰り返しながら、ゆらゆらと進行しているのが、凡庸な仕事の実像です。仕事でうまく活かすことに責任があるのは、個人だけではないということです。発揮しやすい個々の「機能」を発露させるもさせないも、組織側の采配の影響が大きいのです。

ならば、本当に欲しい情報は、「人材同士が合わさると、どんな反応を見せやすいか？」や、「協働的な仕事になりそうか？」などのチームダイナミクスの予見に使える情報です。

そしてそれこそが、「能力」ではなく、車で言うと、「アクセル役なのか？　どちらかと言うとブレーキ役なのか？」や「あって（いて）当たり前と思われがちなボディのようだが、それがなければ車として成立しえないどっしりとした構えを見せてくれる大事な人なのか？　ハンドル役か？　ハンドルに合わせて文句を言わずに動いてくれるタイヤなの

か？」など、「機能」（持ち味）に関する情報なのです。

さらに、仕事をうまく回すことを考えた場合に、個人単位での幻想的な「能力」というものに固執するのではなく、

「現状どういう「機能」があり、それはやろうとしていること（事業やチームの目標など）に対して合目的的か？ ＝ 安全に走行する車の機能を組み合わせているか？」

この判断こそが、職務遂行の本来的な勘所なのです。

序列ある「能力」と序列なき「機能」

「能力」には明らかに、優劣や序列があります。しかし、「機能」にはありません。ブレーキがないと困るのに、アクセルだけが偉いと思っている人がいたとしたら、車のたとえでチームビルドすることを考えるには、相当筋が悪い。

チームのダイナミクスを知るのに、個人に優劣や序列のついたかの「能力」に関する情

報は、経験的に言って大して役に立ちません。私の初作『「能力」の生きづらさをほぐす』にも書きましたが、適性検査などの心理テストは、高学歴外交官の派遣先でのパフォーマンスの二極化が最初の問題として表れ、「学歴以外に、パフォーマンスの予見方法はないか?」と米国で調査・研究されたことが興りです。

「学歴やIQテストでしっかり選抜しているはずなのに、開発途上国に送り込まれた我が国の外交官が短期間で帰国せざるをえない精神状態になったり、一方で、平然と大活躍したりする。同じ『能力』の指標で選んでいるはずなのに、どうしてこんなにも差がついてしまうのか?」つまり、学歴やIQで選抜しても、シビアな任務が全うできるかを正確には予測できない。これまで測られていなかった別の「能力」が、じつは仕事の出来・不出来を左右しているんじゃないか、と思われ始めていた。(頃に登場した心理テストであること[*5])」

どの大学を出たかではなく、チームとしてのパフォーマンスを上げたいのであれば、優劣も序列もない、個人の持ち味・「機能」の把握が不可欠です。把握して、組織全体とし

ての分布を可視化してみると、たいがい、

「あれれ、アクセルが3人もいて、ブレーキがいないな……新規事業創発チームとしてウェイウェイやってきたけれど、リスクの判断や、計画的なプロマネなどが弱いのはもしかしてその影響かも……」

「うまくいかないのは、〝尖り〟のある人材が足りていないからかと思ってたけれど、そういうことではなくて、ブレーキをはじめ、アクセル以外の機能を組み合わせての総体としての機能向上の視点が足りなかったのかも」

と気づきます。人と人や、人とタスクの組み合わせを試行錯誤することが環境調整の真骨頂です。この取り組みの一連の流れを、個人の能力向上を図る人材開発と比して「組織開発」と呼んでいます。

いずれにせよ、仕事がうまくいっていないというのは個々の持ち味の組み合わせがイマイチな状態という話であり、しかもそれは相互作用的にメンバーとゆらゆら動きながらつくられているものです。よって、ゆらゆらの反応パターンを知り、それに基づいて組み合わせ、相性を見守る。場合によっては、組み合わせそのものや、変えられないときは、コミュニケーションを変えてもらう。これについても、詳細はぜひ、拙著『働くということ』ないしは、『職場で傷つく』[*6]をご参照いただけますと幸いです。

誰かの「能力」のせいにして、問題を個人化していても、事態はなかなか好転しません。なぜなら、人を変えるのではなく、組織内の関係性を変えていくことこそが、「働くということ」なのですから。

合理的配慮ではなく、合理的環境調整の話

「あの人はFランだからダメ」でも、「あの人って東大卒のくせに……」「やっぱ京大生はすごいね」でもない。環境調整に必要なのは、個体としての「能力」の情報ではなく、「どう組み合わせると活かし合う環境になるか？」に関する情報だという話をしてきました。

学歴で職務遂行を予見しようとしていたことがどれほど雑だったか想像に易いのではないでしょうか。自分たちと共通点がある安心感くらいの粒度で採用してきたかもしれませ

んが、実際には若手の側も「ガチャ」と言わざるをえないしんどさが多々あるし、採用した側も「採用ミスだった」なんて言い方をすることがざらにあります。「学生のレベル低下」などの議論にしたり、高等教育の問題点として吊るし上げたりすることも。

しかしいずれも、「仕事は個人の『能力』を使ってなされている」という前提から抜け出せていません。

企業の側は企業の側で、個人の職務遂行能力を推し測った気になって、人と人、人とタスクの組み合わせ次第だと認識していないことが問題です。能力を見極めよう、ふるい落とそう、などと意気込むほどに、採用要件にばかり気を取られて、配置や育成、そのプロセスで絶えずつきまとう評価の議論が蔑ろにされがちだからです。

採用時点では何ら仕事の「仕」の字も実態として見えず、職務遂行というのはまさに入社後の動的な揺らぎのなかにあります。ましてや、少なくない大手企業の人事部は、採用と育成部門がパカっと分かれてすらいます。

労働の実態とずれた前提のまま議論し続けるよりも、「働くということ」の光と影が露骨に見えているいまこそ、議論の前提を問い直しませんか？

企業ではなく、働く個人の側にもまったく問題がないわけではありません。組織の「すごさ（有名度、規模など）」という（組織の）「能力」で志望したりしなかったりを判断して、肝心な、自分が入社したあとの動的な相性の問題をさして確認しようとしていませんから。まぁそんな機会、企業側が用意してくれない限り個人ではどうしようもない、情報の非対称性がつきまとうものだ、との意見もありましょう。しかし最低限、組織のダイナミクスは、「能力」では推し測れないことに十分に自覚的である必要があると考えます。

求めるべきは創発の手がかり――本章のまとめ

さてさて、あらためて、「学歴」は使えるだ使えないだ、俺はあぁだったこうだった、でも所得格差は学歴との相関が……を超えて。

私が考える教育から労働へと続く道のりは、組み合わせによる創発を知る手がかりになるか、否か？　で必要な情報が精査される未来です。個人が職場で真空状態にいて、「できる・できない」を試されている一方の話ではない、ということです。

「できる・できない」という能力主義的な見方は、個人が「能力」という幻影を用いて、まるで学力テストを1人でこなすかのごとく、仕事をしているかの錯覚、誤解に基づいた人間観と言わざるをえません。そこに疑問をもたず、１人で何かを「できる・できない」という能力主義的な単位で、仕事という関係論的なダイナミクスを伴う営みを説明するのは実態に則していないし、無理だからやめようよ、と言っています。

背景があって連綿と続いてきた雇用や労働の慣習をも眺め直したうえで、やっぱりこのまま続けなくて「も」いいよね？　と言いたいのです。

そして、代案をもって実践していくための道のりは次のとおりでした。

学歴社会と共依存の関係にあるのは、日本のメンバーシップ型雇用でした。その仕組みに合目的的な新卒一括採用も、学歴によるスクリーニングに頼らざるをえない雇用慣習の担い手でした。

そうして手元に残ったのが、職務要件（ジョブ）不明の我が国の「仕事」です。

「そのジョブレスな『仕事』というのが、学歴で人を判断することで成し遂げられるならいいのですが、本当にそうなんでしょうか？」という問いを明示してきました。

それより、仕事のダイナミクスを解きほぐすに、個人の「能力」というより相性がものをいう場面を私は多々見てきました。そこから相性、すなわちはうまく「組み合わせる」ことが何よりも大事なのではないか？　との仮説をもって、組織開発を行なっています。

組織開発は人材開発と比べて、特定の個人にフォーカスしないように思われ、何を対象にしているかも、何を具体的にやっているかもよくわからない……と思われがちです。そういうときには、ぜひ次のことを思い出していただければと思います。

「では人材開発がやっていることは明確だったのか？」

「能力」というものが個人に内在している前提で、それを「科学的」だなんだと追求することは、逆にいかほど現実的だったのか？　と。

そのうえで、揺れ動く人それぞれの状態、解釈の癖のようなものに、優劣や序列をつけずに、よく見て、よく耳を傾け、よく対話をする。このわかりにくく、ゆえに人材管理側にとっては都合の悪い発想と営為こそ、挑戦しがいがあるのではないか？　と考えてみていただけたらと思います。

ここまで来ると、学歴という断片情報で、働くということをデザインしようなんて話はおくびにも出ないはずです。

ちなみに先に「学歴フィルター」の話をしましたが、このこともお伝えしておきましょう。それは、福島直樹氏の『学歴フィルター』[*7]において、次のような記述がありますが、私が描く方向性とは真逆のベクトルだということです。

「子どもにとって**教育機会の『実質的な平等』が実現されれば、学歴フィルター、学歴差別には何ら問題がない。**

実質的な平等の一例は、義務教育において貧困世帯の子どもが、お金持ちの子どもと同程度の学業成績を取るようになることだ。そうすれば、学業成績が低いことのほぼ**唯一の原因は、当人の努力不足（自己責任）**となるからだ。企業は学歴フィルターで炎上することもないだろう。

そのような社会になることを願っているし、行政や社会学者、教育学者など専門家から抜本的な改善策が提示されることを期待したい」（太字は筆者による）

学歴のことを、「機会の平等」の観点から語ることは、不十分であるばかりか、「結果の不平等」を放置する意味で、自己責任論を助長させる害悪ですらあります。同時に気づかねばならないのは、「お金持ちの子どもと同じ程度の学業成績を取るようになること」が平等だと先の著者は言いますが、なぜ基準を合わせに行くのが経済的に厳しい側なのか？「学業成績」でそもそも問われていることはどの程度社会に貢献するものなのか？　ピエール・ブルデューが指摘したように、学校教育に親和的な社会階層に有利な学校システムがあるだけで、そこに適応させることが包摂なのか？　疑問は尽きません。

コラム③ 発揮しやすい「機能」と自分が「やりたいこと」のギャップ

人と人や、人とタスクの組み合わせを試行錯誤することが環境調整の真骨頂であり、誰かの「能力」のせいにして、問題を個人化していても、事態はなかなか好転しない。他者のことを変えるのに躍起になるのではなく、組織内の関係性を変えていくことこそが、「働くということ」ではないか？ そんな話をしてきました。

ただもしかすると、読者の方のなかには次のような思いが頭をもたげている方もいらっしゃるのではないでしょうか？

「自分のやりたい仕事と、発揮しやすい『機能』を使った仕事とがすり合わないときはどうすればいいのか？」と。

やりたいこと・できること・すべきこと――の三位一体の関係を世に知らしめたのはリクルート社だと記憶していますが、先の懸念はまさに、「できること」が「機能」だとして、社内の「すべきこと」と参照したうえでやればいいのだと言われても……自分自身の「やりたいこと」はいったいどこにいってしまうんでしょうか？ というお悩みです。

いやたしかにそうなのですが、労働の対価はまずもって、需給のバランスがあって、自分にはできないことをしてくれる他者にお金が支払われていることを忘れてはいけません。人生全体を仮に設計するときに、自分の内なる願望や欲求を無視せず体現することは大切でしょう。しかし、対価を伴う労働について考える際にも、まったく同じものさしで考えることはできません。「対価」の基本です。

よって至極当然のことを繰り返すようで恐縮ですが、「需給ありきの話である」ことは肝に銘じたうえで、多くの人にとってやるのが難しい・時間がかかる……などの理由でできないことが、あなたにとってはさほど苦ではない・楽勝なとき、もっともあなた個人のバリューが発揮されることを頭に置いておきましょう。（他の人にとっては苦役かもしれないが）あなたにとって発揮しやすい「機能」というのは、その場の他の面々の「持ち味」「機能」の持ち寄り次第で、優位性の源泉になるのです。

「やりたいこと」だの「好きを仕事に」だの「やりがい」だのなんだの、この会社は

Will-Can-Mustとは？

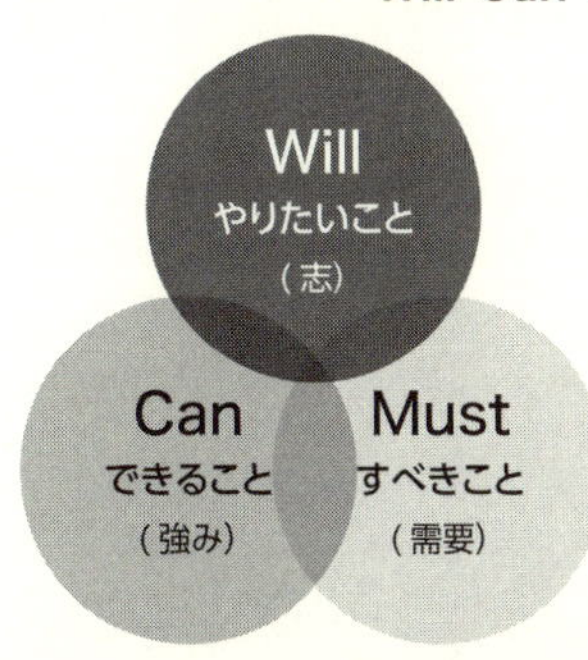

Will　やりたいこと
- 自分の将来像・ロールモデル
- 仕事を通じて実現したいこと
- 理想の働き方・生き方

Can　できること
- 自分が活かしたい強み（=Can）
- 逆に、克服したい弱み（=Can′t）

Must　すべきこと
- 社会からの要望・会社からの売上目標
- 将来的に身につけなければならないスキル

「moovy」2024年12月27日最終更新記事をもとに作成

働くことに関してさまざまな言説を残してきていますが、これは同時に「好きなこと・やりたいことなら（労働時間・給料が）いくらでもやれるよね？」というベクトルの言説にもなりうることには、細心の注意が必要です。「やりがい」という言葉に「搾取」とつきがちなことも、だいぶ知られてきた頃でしょう。

労働の基本は、キラキラしていません。需要に対して供給できる・してもいい価値は何か？を労働者の考えと、雇用側の考え（「すべき」）とをすりあわせることから成り立っています。それが守られたうえで、「やりたいこと」であれば、超ラッキーなこと。ゆえに人はこれまで「天職」と稀有な表現で呼んできたのだと私は考えます。まずは発揮しやすい「機能」を発見することが、遠まわりのようで、「働くということ」を個人サイドから舵取りするには先決です。

もう1点だけ悩ましい点を挙げると、「やりがい」はさすがに下火になりつつありますが、代わって「成長」への志向性についても留意が必要です。

「成長」という言葉がこれまたマジックワード気味だからです。「成長」といったときに多くの日本で教育を受けた人が思うのは、平たく言うと「できなかったことができるようになること」ではないでしょうか。それも「成長」でしょうが、それ「だけが」成長ではないと私は考えています。

先に述べたとおり、ほかの人にとっては苦行のように思えることも、自分からしたら難なくできてしまうこと。それによって組織（チーム）として貢献し続けられることも間違いなく成長なのです。私もしばしば相談を受けるのですが、立派にそうしてチームに貢献しているのに、「ストレッチ感がない」とおっしゃる若手の方が後を絶ちません。なんなら上司の方も、あまりに楽々やるものだから、それを成長と見なさず、的外れな「修羅場」を用意しようとしたり……。もったいないすれ違いです。

第5章

これからの「学歴論」——競争から共創へ

脱・学歴主義への一歩

「万能」で「優秀」な個人が、必ずしも「有能」な組織を生むのではありません。だとしたら、私たちが知るべきは、「誰が『高い能力』をもっているのか?」「人のどこの何を見ればその『能力』の高さがわかるのか?」などではないでしょう。職務遂行能力のような、わかるようなわからないものを誰がどのくらいもっているか? を効率的にはじき出そうとすると学歴をありがたがってしまうことになるからです。

それによって日本の「働くということ」がよりよくなっているのならまだしも、前途多難であることを前章の冒頭でも示しました。「ジョブ」が不明なまま新卒一括採用をメンバーシップ型雇用の形で行なう従来のやり方に適応した、人の見極め術の議論を続けている場合ではないのだと、述べてきたわけです。

現状の雇用慣習を所与のものとして、そこに都合のいい情報――学歴――でわかるのは、せいぜい職務(ジョブ)不明を前提とした職務遂行能力くらいなものです。なんとなく「うまくやりそう」かどうかを知って、結果的に「採用ミス」だったとか、「配属ガチ

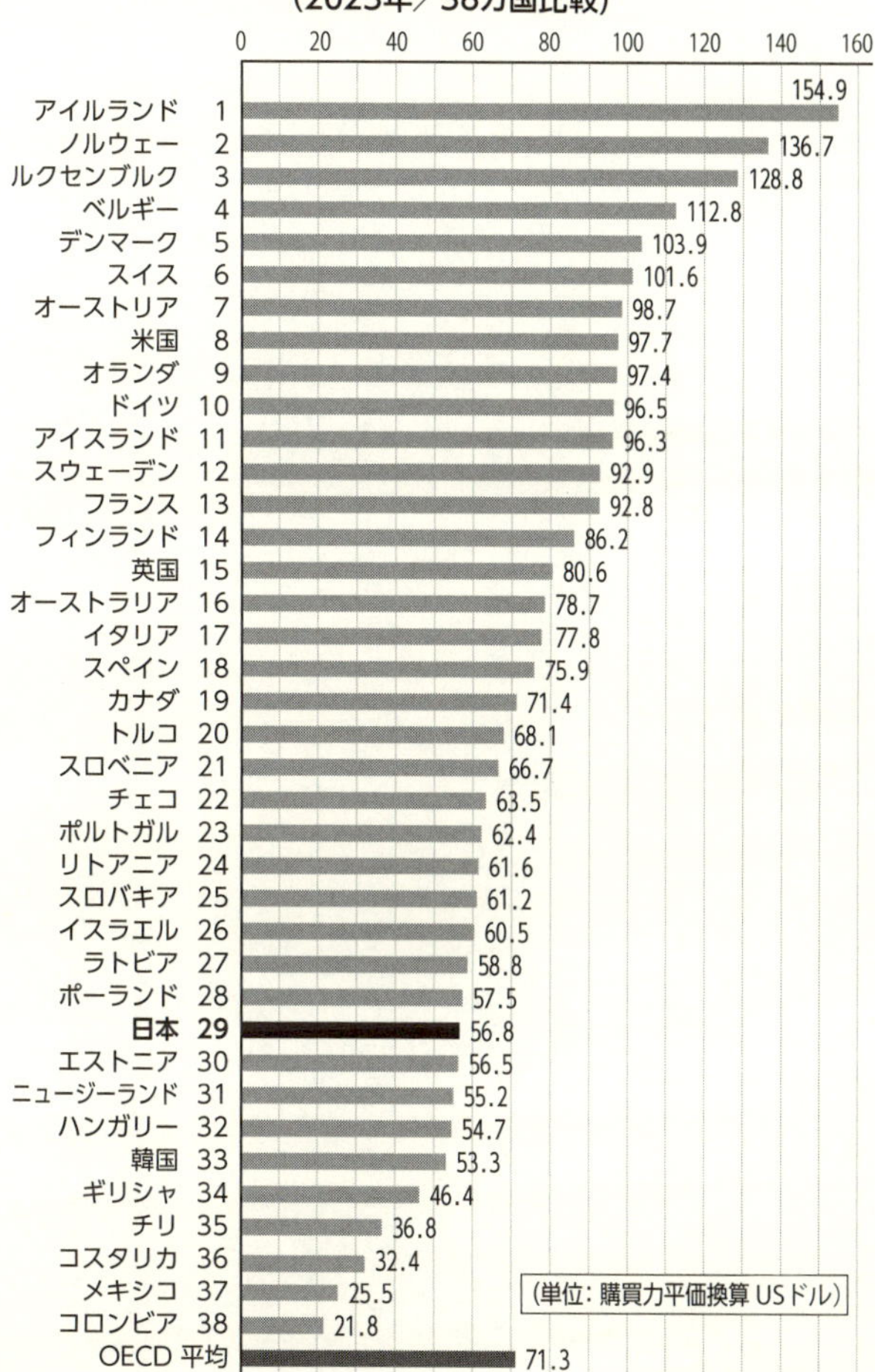

OECDの2023年データをもとに作成

ヤ」で最悪だとか、双方の立場から文句を言うことはいとも簡単です。

しかし、人口減少社会において、日本の労働生産性の向上を仮に課題とするならば[*1]、職務遂行能力という仮構的概念の見極めに明け暮れていていいんでしょうか。職場のダイナミクスを見てきた者としては、こう思えてならないのです。

私たちが知るべきは、「成し遂げたいことに対して、どう人と人や、人とタスクを組み合わせるとよさそうか？」を模索する手がかりです。「どういう凸凹がある個人がいて、誰と何をどのようにするか？」という職場のミクロな営為をもデザインできるような情報は、喉から手が出るほど欲しい。

いよいよ終章。ここでは、日本の労働がより多くの人にとっていきいきとしたものになることを願って、これからはどういう点について闊達かつ慎重に目配りしていくべきかについて、まとめていきます。

イメージが湧きやすいよう、実際の企業内における対話を一部改編しながら事例的に示します。脱・学歴主義の代案である先駆的実践知をご紹介する狙いです。

学歴ではなく、知識やスキル、志向性などを組み合わせることで、より創発を生み出しやすい職場環境を整えることに注力している組織は、しかと存在しています。興味の湧いた方はぜひ、ほかのこれまでの拙著をお手に取っていただくか、巻末の脱・能力主義的な組織開発実践の関連図書案内を参考にしてみてください。

「『尖り』のある人材の発掘と育成がテーマだな」？

早速ですが、ある実在する大企業の人材戦略の相談を受けたときの話をしましょう。彼ら・彼女らが語る組織の「問題」に私は度肝を抜かれました。どういうことでしょうか。

日本のとある巨大な業界のお話。業界1位、2位争いの話なので、特定を避けるため詳述を避け、一部創作します。私が相談を受けたのは、次の話の社長本人ではなく、人事管掌役員Xさんからで、冒頭の役員会の様子は伝聞です。

＊＊＊

ある日の役員会。就任から3年目を迎える社長はこう口火を切ったらしいです。

「創業以来、じつに堅調な成長を続け、いまやこの業界のナンバーツーを30年維持している。一言で素晴らしい。とはいえ、あえて言えば、所詮は2番手。中期経営計画で明言は避けているけれど、業界1位に躍り出たいという気持ちがないと言ったら嘘になる。ところで不思議に思っていることがある。なぜ我々は業界ナンバーワンになれないのか？（以下省略）」

いや〜な投げかけです。押し黙るボードメンバー。下を向く人が多いなか、視線が人事管掌役員たちに集まりだします。長らく社長しかしゃべっていなかったので、先の人事本部長Xは軽く咳払いをしてからこう切り出しました。

「人材の観点で申し上げますと……『尖り』のある社員が、例の1番手企業と比べて、足りていないのはあるかもしれません」

下を向いて、とりあえずメモなのか何かよくわからないけど、ペンを走らせる経営企画部長。社長は頷いています。そしてパラパラと反応し出す周囲。

「自分もそう思っていた」「うちの社員には『尖り』がない」「『小さくまとまった』社員

が散見される」「年々『小者』が増えている」などなど。さてご自分はどうなんですか？という気がしなくもないですが。

「というわけで、今期は『尖り』のある人材の発掘と育成がテーマだな、よろしく」

と社長が締めくくって閉会。昨今は生産性、タイパの観点から、メンバークラスの会議は15分単位設定、役員会はこれまで３時間ほど開催されることがざらだったようですが、１時間が上限となりました。サクっと方向性が示されるなんて、なんたる社長の「リーダーシップ」！

そして後日。「尖り」のテーマをぶん投げられた（丸投げされた）例のＸさんから私の元に相談がきたというわけです。

Ｘ「『尖りの発掘と育成』って言われちゃったんですが、何から始めればいいのやら。勅使川原さん、どこかしらお手伝いいただけませんか？」

待て待て待てーい。こんな案件とても受けられません。すかさず私は尋ね返します。どこが危ういか、本書をお読みの諸兄姉はお気づきのことでしょう。

勅「えっとすいません、『尖り』って何でしょうか？　話はそこからかと。わかるようでなんら私にはわかりません。この状態で経営や人事戦略の『テーマ』だと呼ぶのは厳しいかと」

X「あぁ……はい、まぁそうですよね」

「この人（勅使川原）に相談したの、失敗だったかも（それっぽいアイデアをくれればいいのに面倒なことになったぞ）……」という顔をすな!!　あるいは、社内でほかに確認したくてもできない状態だとしたら、なおこの企業体のことが不安です。業界1番手になれない理由をこれ以上に表すものはないいんじゃないか？　とも思わなくもないですが、口を噤（つぐ）んでこう切り返しました。

勅「Xさん（人事管掌役員の名前）はちなみに、こう社長から振られて、何が頭に浮かんでいるんですか？」

X「海外大卒者を狙うとか、ですかね……。『尖り』って要は、過去の延長線上に施策は落ちていないぞ、ということだと思うんですよね。これまでの我々ならとてもやらなかったこと、かつ、業界1番手がやっていたことと言えば……と」

勅「いやいや、『尖り』をそんな粒度で解釈して、勝手に打ち手に落とすのは危険すぎませんか？　国内でも海外でもなんでもいいのですが、どこの大学を出たかが『尖り』を決めるんですか？　そもそも経営課題は人材の『尖り』にあるんですかね？」

X「そこですよねぇ」

勅「次のミーティングでは『尖り』の解像度を上げることでしょうね。『解像度』って最近皆さんお好きなご様子なので使ってみました。つまり、その『尖り』とやらが、業界第2位に安住することを許している根源なのか？　仮に業界1番手に躍り出る必要があるとして、そのためには『尖り』の発掘と育成が本当に急務なのか？　白いスーツの政治家じゃないですが、2番でいることの意義ってないんでしたっけ？　という問いもあってもいいでしょう。当社の競争優位はどこにあるのか？　棚卸してからまた必要があればご相談いただければと思います」

X「目標そのものの妥当性を確かめつつ、いま挙がっている打ち手がその目標に対して適切なものかを考えるのですね？」

勅「はい。偉い人に『尖りが足りないんだよ！』と一喝されて、すごすごと『ですよね、尖った人材を入れます！』と約束してしまう顚末、すなわち失敗事例なわけですが、残念ながらごまんと見てきているんです」

X「人材の、それも能力や資質だけの問題ではないと？」

勅「おっしゃるとおり。やれ『尖り』だ、ほかにも『主体性』だ、『リーダーシップ』だ、『コミュ力』だ……などと延々と人材に欠乏しているとされる能力の話になることがこの先もあると思うんです。

でも、問題を人材の『能力』に置いたとして、能力って仮構的な、かりそめの概念です。つまり、はじまりからして空中戦なんですよね。雲をつかむような目標に対して、納得性の高い打ち手を用意しよう、採用のチャネルを変えてみよう、国内大卒者ではなく海外大卒者を狙おう……とか、そういう極端で粗いアイデアが出てくることも悲しいかな、あるあるです。でもこれ、いつまで続けますか？　学歴などのわかりやすい『能力』論という、いたちごっこをいつまでやりますか？」

＊＊＊

そうです、いつまでやりますか？　という話です。終わりなき学歴論争を外野として眺める分にはほどよい娯楽なのかもしれませんが、大の大人がヒト・モノ・カネをつぎ込んでやり続けるようなことなのかを考えたいのです。

Ｘ「失敗事例、ってさっきおっしゃいましたよね？　よかったら教えてください」

＊＊＊

ここからは、その失敗事例のご紹介をしましょう。「尖り」「アクセル全開」という表現がこちらの会社では用いられていました。続きをどうぞ。

「アクセル全開でいきましょう！」の失敗事例

先ほどのＸさんとはまったく別の業界の実例です。個人が固定的にもつ能力観では職場改善がどうにもうまくいかないことを悟った人事トップをもつ、人事施策的にはなかなか先進的なＪＴＣ（伝統的な日本企業）であるA社。新卒一括採用は継続していたが、「学歴不問」をいち早く掲げたのでした。

業界トップは、外資B社。世界中の誰もが知ると言っても過言ではないような巨大企業。その業界にあって日本市場の2番手を長年走るA社は、大変興味深い経営体です。人事本部長が新しくなった際にコンサルをご用命いただき、伺うと、その方はA社のこれからの人材戦略を、過去の痛々しい失敗を踏まえてお話されました。

「自分が人事本部長になってまず思ったのは、これまでどおりやっていれば業界2番手でいられる、なんてお気楽な話ではないということでした。そこでね、やったんですよ。大改革を。

じつはいまから4年ほど前に、『これからは〝尖り〟のある人を採用する。当社で落としていたような、扱いにくそうだが〝クリエイティブ〟な若手をがんがん入れることに決めた』と、私、発表したんです。学歴不問にしたのち、さらに、大なたを振るったと言うべきかな。これまではうちの社風に合いそうな、ゴリゴリのリーダーシップというより、協調性のありそうな柔和なタイプを積極的に採用してきました。勅使川原さんも感じますよね？　うちにいそう、って感じ。その新卒採用の基準をガラリと変えました。

具体的にはある適性検査を使って、そこで『積極型』や『活動型』という指標が高い人は車のアクセル・ブレーキで言うアクセルですから、いまこそ突破口を見出したい我々としては、彼ら・彼女らこそが望ましい人材であると食いついたわけです。役員も乗り気で。まぁ当時の事業環境からして、『変革人材』に託す向きというのはすでにあったので、すんなり満場一致で決まったんです」

さて、その1年後。衝撃的なことに、その「尖った」新卒採用者たちは、2年目に入る前に3割が退職したと言います。全社の離職率は1％に満たないというのにです（それもびっくりですが、そういうJTCは本当にあります）。

「尖りだ尖りだ、と聞いて入ったが、社内で何を言っても煙たがられ、意見は無視され、多くの既存社員にとって眼の上のたんこぶになったと。変革を期待されたその新卒入社たちは口をそろえて『時間の無駄』と言って去っていきましたよ。そのあと第二新卒でいいところに転職できたみたいです」

衝撃の告白を受け、私の口は3秒くらい開いたままだったと思います。

＊＊＊

さぁさ、敗因を分析しましょう。まずもって違和感があるのが、仕事の実態は、人と人や、人とタスクとの組み合わせでなんとか回っているのに、人の能力・資質が仕事を動かしていると思い込んだままの点です。このA社は脱・能力主義を掲げていたはずなのに、です。それくらい、「変革」とか「革新」という言葉には並々ならぬ引力があることを感じさせるエピソードでもあります。

「これまでと同じことをやってもだめだ」と言われた途端、これまでにない、新しい観点探しに奔走してしまう。その新しい観点というのが、「機能」の持ち寄りを前提とした仕事の実像を参照していればいいのですが、そうではなく、個人の「能力（資質）」の問題に還元されたロジックで合意を形成してしまうのです。厄介なのは、そのほうが人は納得しやすい。それほどまでに、個人主義的人間観に基づく能力主義が浸透していることの証左でもあるでしょう。

これでは、既存社員との相性などに思いめぐらすこともなく、「尖り」のある人を入れれば事業としても「尖る」だろう、という安易極まりない見立てになってしまいます。既存社員との相性の問題をろくに捉えず、問題の個人化を繰り返している、埒が明かない事例というわけです。たとえ学歴不問にしようとも、一元的な正しさ（答え）が個人に内在するはずだという盲信ありきにすぎず、広義には学歴主義を含む能力主義と大差がありません。

案の定、「尖り」要員とされた側にも、既存社員にも不満が募り、外向性の高いタイプは外向きに問題解決しやすい傾向がありますから、「ここは自分のいる場所じゃないな、辞めよう」との意志を固め、さくっと出ていく……。

他方で中途半端に残された「尖り」要員のタスク、「尖り」重視の曖昧でパターナリスティックな目標の数々……地道に着実に積み上げてくれることが強みである既存社員たちの士気が下がるのも無理はない、というわけです。

この痛ましい事例から概念レベルをもう一段階上げて、含意を抽出しておきましょう。

まさに第4章のステップに落とし込んで、思考プロセスを整理します。

3つのステップの実像

【ステップ1】戦略の上滑りを問う

時間と労力をかけて議論、調査、検討するのですから、上滑りしていてはいけません。人と人との協働で大事な共通言語を、曖昧なままぞんざいに扱っていていいわけがないのです。「尖り」だなんだという個人の能力や資質の話の前に、現場でなんとか回っている仕事というものをもう一度（もしかしたら初めてかもしれないが）見たほうがいい。本章冒頭の業界2番手企業のX本部長にも私との次回のディスカッションまでに協働の実像を報告してもらい、1番手に上がれないことが「尖り」のなさにあるのかを分析してみることをお勧めしました。

その報告結果について詳細は言いませんが、落ち着いて考えると2番手は2番手の良さというか、合理性があるんですよね。「尖り」や派手さなんてものではない、実直さ、地

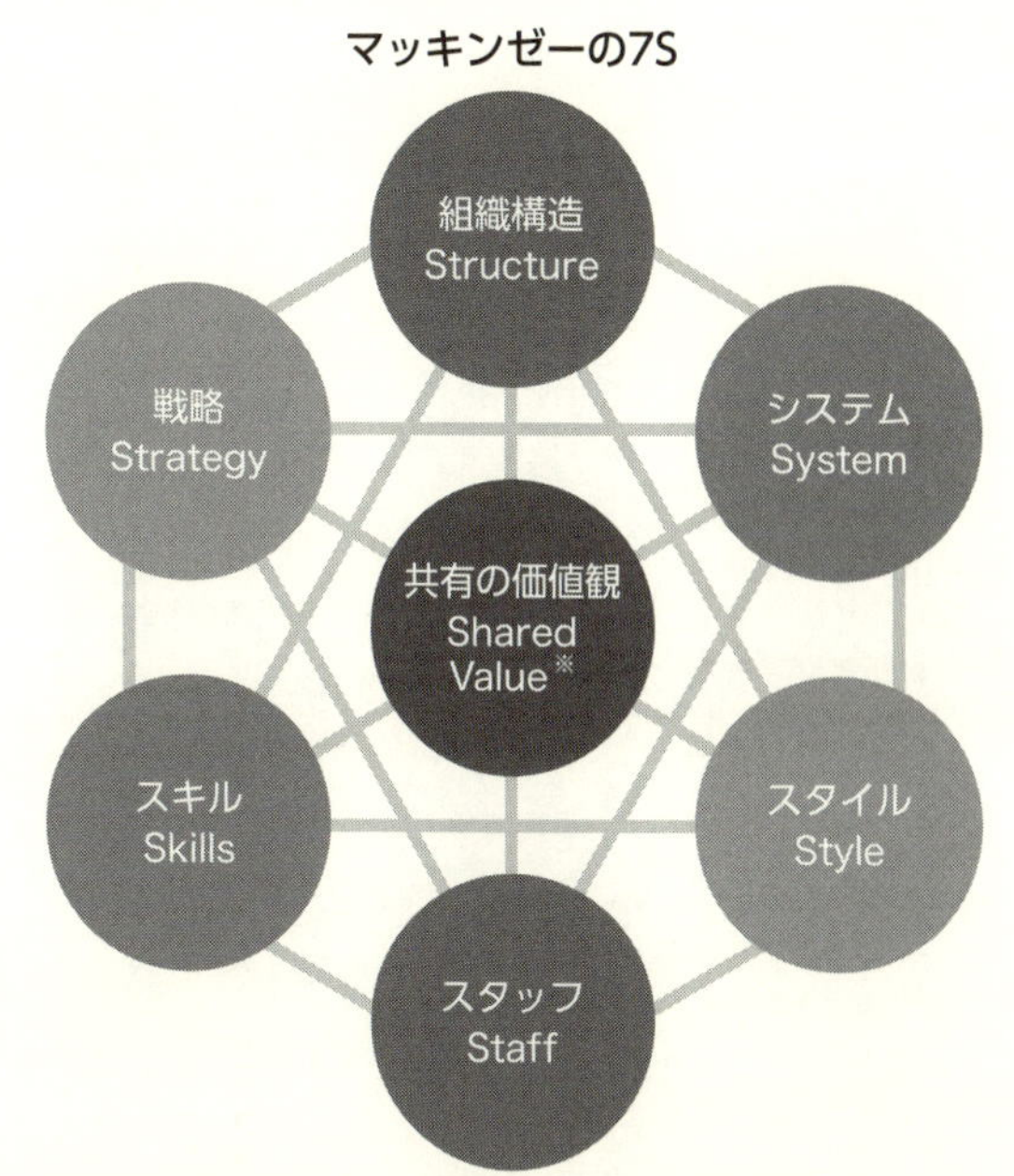

※Superordinate Goals（上位目標）と表現される場合もあり
武村司『ビジネス+IT』2020年5月1日最終更新記事をもとに作成

味さがじつは顧客からは地に足のついた企業として評価されていることもあります。実直で、ともすると受け身な者同士が、持ちつ持たれつなんとかやっている姿が実像なのに、それを「尖り」でなし崩しにしていいのかどうなのか。などなど、A社で働くリアルが浮かび上がりました。

尖りだなんだと言って、海外大卒者を増やそうとか、うちは学歴不問なんだぜ、とかそんな話を聞くたびに、この会社の話をしたくなるのでした。

【ステップ2】仕事の全体像から考える

・我々は組織としていったい何を成し遂げようとしているのか？
・対する現状のリソース（経営資源の7Sなど）は？[*2]

この現在地の把握はいかんとも避けられません。「我々の商売って何が優位なんでしたっけ？」という存在意義をわかる言葉で表したうえで、とくに人材の情報――学歴のように、「組み合わせ」の妙を知ることのできない情報ではなく――どういう凸凹があり、誰と何をどのようにするとこんな化学反応があるかもしれない、というのがわかる情報が肝要です。

先の事例で言えば、仮に事業に「尖り」という名のいわばスパイスが必要だと考えるなら、それを既存社員との組み合わせから創発可能性として捉え直す必要があります。

つまり、

×　事業にスパイスが必要だ→スパイス的な尖り人材を入れよう

ではなく、

○　事業にスパイスが必要だ→既存社員との組み合わせでどうスパイス的事業を生み出せそうか？

と考え、人と人、人とタスクとの組み合わせをシミュレートしていくのです。

【ステップ3】仕事とは何かを問う

事業の向かいたい・向かうべき方向性のために、人と人、人とタスクをどう組み合わせることが必要そうか？　そう考え、実践するのが、脱・能力主義としての組織開発の営為です。決して、社員の誰かの「尖り」のような曖昧模糊とした能力・資質の問題にしてはいけません。

次の事例も、まさにいま問題視していることが本当に問題なのか（ステップ1）を問い、課題解決のために試行錯誤をしている企業事例と言えます。

新卒一括採用を止めた――通年採用や内定期間延長の取り組み

第3章で、職務要件整備を事実上不要とするメンバーシップ型雇用という慣習が、人の採用基準を学歴の粒度でしか把握しないことを正当化している様を述べてきました。他方で、メンバーシップ型雇用一辺倒でも、通年採用で新卒一括採用時の足切り用に学歴を使うのでもなく、相性（組み合わせ）を考える採用に舵を切る会社もあります。

ファーストリテイリング（ユニクロ）の事例

「ファーストリテイリンググループでは一人一人が仕事について真剣に考え、主体的に行動し、納得した将来が送れるように、一年中いつでも応募を受けつけています。

学年、新卒・中途、国籍を問わないオープンな採用方法にすることで、みなさんが、自分にふさわしい仕事とは何かを考えるチャンスを増やし、一人一人が主体的に、自由に応募できるようにしています。（中略）ファーストリテイリングが考える就職活動の主役は、企業ではなくあなた。誰かに決められたタイミングではなく、就職活動をするタイミングもあなたが選べるべき。大学1、2年生、大歓迎です。（中略）ファーストリテイリングの通年採用では一年に一度、選考年度が変われば再チャレンジ可能です。（中略）選考フローの人事面接を通過した方には『FRパスポート』を発行。発行から3年以内はこのパスポートを提示すれば、いつでも最終面接を受けられます[*3]」

新卒一括採用という採用慣習によって、学歴で表されるとされる謎の「職務遂行能力」の見極めに企業が頼ってしまう点を指摘してきましたが、ユニクロで有名なファーストストリテイリングの事例はどうでしょうか。採用の門戸を時間軸とともに広げ、応募を分散させるというのは、学歴に拘泥しないための重要な素地と言えます。理にかなったトライですが、学歴に頼らぬ個人の見極めを具体的に何で行なうのかは、公表されている情報からはわからず、注視が必要と考えます。

星野リゾートの事例

「現在の就職活動は新卒一括採用の仕組みで企業都合のスケジュールや選考フローが主体[*4]」という現状に鑑みたうえで、「学生と企業が対等な関係で相互にマッチングを確かめることができる仕組みを推進する。内定後は、実際に施設で先輩社員と対面で話し、仕事の様子を見ることができる『Ｇｏ―ＫＩＮＪＯ』プログラムや、入社に向けて気になることを人事や先輩社員に1対1で聞ける機会、ＬＩＮＥを介して気軽に質問ができる仕組みなども提供する。インターンシップも1日から長期まで幅広く用意。全国の施設でアルバイトして入社までの準備期間を過ごすことも可能」と言われているのは、星野リゾートです。

職務遂行能力を見極めてやろうという発想ではなく、人と人との創発可能性を相性という観点から探ろうとするがゆえの、一連の取り組みであると理解できます。一般にこれまでの新卒一括採用は、企業と個人（学生）との間の情報格差や権力勾配は所与のものとしてきました。しかしコミュニケーションの双方向性を増す仕組みを考えている様子から、抜本的な人材マネジメントを試行錯誤していることがうかがえます。

「ジョブ型」への動き

もはや大量選考時代の名残としか思えないような採用慣習をあえて疑い、舵を切る企業を見てみました。ただお気づきのとおり、これまで述べてきた、学歴情報を企業がありがたがってしまう理由の「職務要件（ジョブ）」のなさについては、メスが入りきってはいないようにも思えます。

小売りやホテルのようなサービス業ではまだ職務の特定が難しい段階なのかもしれません。ただ、見渡すと、エンジニアリングやＩＴ業界では、職務の特定が比較的スキルベースにされ始めているケースも。ジョブレスな「職務遂行能力」頼みの、新卒一括採用をやめる動きが出ているのです。

富士通の事例

「富士通の１つの解が20年から順次導入してきたジョブ型の拡大だ。入社２年目以上の社員や管理職に限ってきた対象を26年４月からは新卒者まで広げる。

部門と職種を決めて入社希望者を募集。各自の能力や適性を踏まえ、職務と待遇を内定時に提示する。職種はエンジニアやマーケティングなど8種類。待遇面では初任給が40万円を超える新卒者が現れる可能性がある。現状は20万円台後半で一律だ。

採用面接だけでは能力や適性の十分な見極めが難しい。実務経験のない新卒者側も希望職種を決めにくい。そこで1～6カ月間に及ぶ長期の有償型インターンシップを拡大する。募集人数を段階的に増やし、2年後には現状比10倍の300人にする」[*5]

これはある日の『日本経済新聞』の記事ですが、なるほど、職務要件を明確にし、人材の見極めの期間も長く取る。これなら学歴にこだわる必要もなさそうです。

他方で富士通のケースで気になるのは、職務を個人の「能力や適性」で行なっているフレームに留まっている点です。これだと企業側は「お手並み拝見」的「見極め」の延長線上としてのジョブ型というムーブに見えます。現場の既存社員との組み合わせや、事業との組み合わせにも鑑みた採用こそが一般的になる日は、もう少し先かもしれません。

「配属先確約」採用は諸刃の剣

ジョブ型に関連して、「初任配属先確約」採用などという言葉も聞きますけど？　という方もいらっしゃるかもしれません。どちらも「配属ガチャ」を嘆き、早期退職しかねない若い世代に選ばれる企業であろうとする取り組みと言えます。全国紙を眺めれば、「こっちの企業『ガチャ』ないぞ　志向に合わせ、配属先や勤務地『確約』」[*6]みたいな見出しが躍っていることもざらにあります。

ただ、しつこくて恐縮なのですが、この「配属先」などをはじめとする、「決まっていないものを決めればいいいんですね？」というソリューションには心許なさを覚えます。「決まっていない」ことを問題視し、それを裏返したかのように「決める」（確約する）ソリューションは諸刃の剣と言える点があるのです。

というのも、「決めない」ことで守られる人材の流動性や柔軟性は、雇用者のみならず、被用者側にもあることをこれまで述べてきました。決めると失うものもあるわけです。またその決め方も、学生のうちに自身の適性に合った希望職種や配属先を「決めて」、そのとおりに事が運ぶことが、「いい」のかどうかなんてのは、(あとになってみないと) 誰にもわからないという点もあります。はたまた今後、配属確約に「資する」人物とそうでない人物とに分けられていきやしないか？　という危うい仮説も頭をもたげるのは私だけでしょうか。

競争から共創へ

「ガチャ」に対する確約策は別の角度から検討しても、やはりしっくりこない議論です。というのは、「そもそも『ガチャ』の不安感の矛先というのは、じつは不確実性そのものに対してではないのではないか？」とも考えられないでしょうか。

「決まっていない」ことが不安だとの主訴はたしかにありますが、そのまま受け取る前に、職場のミクロな環境と労働社会全体のマクロな環境とを行き来して、問題の根っこをつかむ必要がないのか、と私は思います。

そのうえで本当のしんどさは、不確実なことそのものより、配置に「アタリ」「ハズレ」があっても、よりよく働けるチャンスを個人側からはなかなか創出できない点ではないか？　とすら思えてきます。言い換えれば、個人の不運を、組織（社会）全体の問題だと思ってもらえず、個人の問題に還流しがちな点こそが辛さなのでは。

うまく仕事を回せるときは、うまく環境にはまっているときです。逆に言えば、相性に恵まれず、ぎくしゃくした不運な状況は誰にでも起こりえます。それをもっと高い精度で予見しろ、「決まっていない」ことが怖いなら「決めちゃおう」というのは迂闊な話です。要するに「ガチャ」論というのは、不確実性を解く方向で考えては筋が悪いのです。

しつこく問いましょう。私たちが気にして、必死で追っているのは、競争のための情報ですか？　共創のための情報ですか？　と。

おわりに

今後も労働や教育にまつわる論争は雨後の筍（たけのこ）のごとく、出てくることでしょう。教育も労働も多くの人にとって人生の一大事ですから、無理もありません。しかし、議論の成立要件をあまりに無視した、場当たり的な論争によって実効的なオプションの検討が進まないのは残念でなりません。そのためにここまで「学歴社会は誰のためか？」「なぜ学歴社会はなくならないのか？」について丹念に紐解いてきました。

最後にもう1点だけ、議論に終わりがない前提で、だからこそ、来る論争において念頭に置いておきたい作法の話をさせてください。

腐ってもイデオロギー――二項対立を超えて

本書を執筆最中の2025年1月、アメリカでは第2期トランプ政権が誕生しました。際して、哲学者のマイケル・サンデル氏が『朝日新聞』のインタビューにこう答えていました。

「不平等の拡大に伴い、能力主義的な個人主義が行き過ぎ、成功に対する態度が変質しました。頂点に立った人々は傲慢(ごうまん)にも、成功は自身の能力と努力によるもので、苦しんでいる人はその運命に値する道を選んできたはずだと考えるようになりました。取り残された人々は経済的に苦しいだけでなく、高学歴のエリートに見下されているという屈辱感を募らせています（中略）トランプはその憤怒につけ込みました。だからこそ、労働の尊厳の回復が極めて重要なのです」[*1]

イデオロギー闘争としての選挙戦で、トランプ氏が勝った（勝ってしまった）のだと言えます。際して記者が「――ただバイデン政権は、学位のない人にも雇用を生むインフラへの投資など、ニューディール以来と言われる野心的プロジェクトを手がけたはずです」と問う場面があり、じつに考えさせられます。対してサンデル氏は次のように答えます。

「新たな統治の哲学を示せなかったことも大きい。ニューディール時代、当時のルーズベルト大統領は公共投資や社会保障、労働組合の支援など多くのプログラムを手がけました。それがまったく新しい経済の姿なのだと国民にわかりやすく、感動的な言葉で語りました。だから今でも私たちはニューディールを覚えています。しかしバイデンは、自身の政策が象徴する大きな意味、つまり経済における政府の役割の転換について、説得力あるメッセージを打ち出せなかった。それがいかに労働の尊厳を取り戻すことにつながるかも説明できませんでした。彼の強みは議会との交渉にあり、レトリックにはたけていない大統領でした」

政策の中身は当たり前のことですが、人びとの情動に広く訴えかけ、ムーブメントをつくるにはやはりイデオロギーも疎かにできないのです。レトリックと言うと、なんだか姑息な印象がありますが、人に「伝える」「伝わった」ことでしか相手を動かせないのだとすると、腐ってもイデオロギーなのだと考えさせられます。

つまりこの記事からの含意は、政策か？　イデオロギーか？　という二項対立的な問いでは解けない問題になってしまうということでしょう。

論争の作法

優劣や勝敗、あっちとこっちの「どっちなんだ?」といった二項対立的な問いをなかなか手放せない私たち。能力主義というのはそういう人の性と蜜月のまま、希代の発明的配分原理として君臨し続けてきました。

しかし、その「能力」の曖昧さはお咎めなしで、個人に無限の努力を強いて、弱肉強食を謳い続けることは、どう考えてもインクルーシブではないし、何なら人権が守られているとも言えません。これからも勝ち組として、世知辛い世の中を生き抜く自信のある人にとってはいいかもしれませんが、もういい加減、しんどくないでしょうか。素直に健気に頑張りすぎていないでしょうか。平等・公平の議論を超えて、公正についていよいよ体現していくことが切迫した課題ではないでしょうか。

経営学者の舟津昌平氏は、『経営学の技法』[*2]のなかで、人生において活用可能な専門知について、全体性(両面思考、条件思考、箴言思考)をあらゆる議論の原点に据えることを提言しています。

自身に都合のよい部分にだけ光を当てて、ああでもないこうでもない、あれはいいがこっちはまるでダメだ、と議論しがちです。しかし、影の部分は光が当たっていないだけで、存在していないわけでは到底ありません。しかとあります。ならば、球体なら球体全体に真摯に光を当て、重層的、多面的、複眼的に検討してこそ、知性の活用ってものではないでしょうか。

舟津氏の考える全体性をもった情報収集や議論のために不可欠な3つの技法のなかでもとくに、箴言思考が、学歴社会論の精査をアカデミックに引き受けてきた教育社会学を多少は知る者としては、伸びしろがあるような気がしています。サイエンス至上主義でデータドリブン、エビデンスベースドな世の中で、数的に提示していくことはもちろん肝要です。

と同時に、事実を事実として把握する以上に、自分事として心揺さぶられる経験があって悪いことはないでしょう。その意味で、フィクションの力も借りながら、多層的な議論、検証が、あらゆる領域において今後いっそう必要になる予感がします。

具体的には、冒頭からお伝えしているとおり、学歴社会論は教育社会学が検討し続けてきたトピックであることは間違いありません。しかし、どこか各人が自分の立場を守っているせいか、学歴の無効化に勇気をもって挑む姿というのはほとんど見られないようにも思います。

そうしたときにたとえば、アカデミックな研究ではなく、姫野カオルコ氏の『彼女は頭が悪いから』[*3]のようなフィクションは、あなたの脳天にどう直撃するでしょうか。

ごく簡単に概要を紹介すると、2016年の東大生集団わいせつ事件に「着想を得た」として、例の事件を被害者の目線、主犯格の元東大生の目線などを入れ子にして、同じ景色をまったく異なる解釈で見ているがゆえに起きた悲劇を描いています。

悲劇とは、実際の暴行のみならず、行き過ぎた能力主義や男性中心主義社会、それらを含めて社会階層の再生産の問題がありありと描かれ、とにかく胸くそ悪い読後感なのです。「頭のよさ」や「育ちのよさ」と一般に呼ばれるものがじつは、自分とは異なる軌跡を歩んできた人への想像をめぐらせることを遠ざけてきた証にすぎないのではないか？ゆえに世に「優秀」とされている者はたんに、脊髄反射的に「答え」や「正解」風のものを導くのがうまいだけなのでは？

これまで多くの論者も訴えようとしてきたことかもしれませんが、ここまで生々しく、社会問題を傍観しないために語ったものを私は知りません。社会の、それも体制側を真に動かすのなら、言葉の力で虫唾（むしず）を走らせることも一手なのです。

したがって、学術研究「が」いい、物語なんてエビデンスがないからダメ、ではなく、これも全体性という観点から把握しようとすることが欠かせません。どっち「も」ありなはずです。

学歴社会を考えながら、物事の全体性、統合性に行き着きました。競争は競って、他者を押しのけねばなりませんでした。しかし、共創はともにいていいんです。平等、公平と私たちは考え、歪（ひず）みはあれど実践を続けてきました。いよいよ公正の番です。学校教育について、その先の労働の現場からも考えていきませんか。それはきっと、「学歴社会」が死語になる日が近づくことだと私は思っています。

2025年2月

勅使川原真衣

［関連図書］

以下に、2つの方向性で、労働を社会システムとして眺め直し、皆さまの思索を深めるであろう書籍を推挙します。

（1）能力主義をはじめ、声高に吹聴されがちな「正しい」風の言説の真偽を紐解く3冊

（2）脱・能力主義の実践としての組織開発入門書と呼ぶにふさわしい3冊

いずれも世間に跋扈する拙速な解釈による誤謬（ごびゅう）、欺瞞（ぎまん）が実証的・理論的に著されたものです。学校から労働まで一気通貫した「能力主義」を脱構築してくれ、かつ、「じゃあ職場でどうするの？」という現場の切実な声にも応える顔ぶれでしょう。

（1）能力主義をはじめ、声高に吹聴されがちな「正しい」風の言説の真偽を紐解く3冊

①苅谷剛彦『大衆教育社会のゆくえ　学歴主義と平等神話の戦後史』（中公新書、1995年）

機会の平等が覆い隠す結果の不平等の問題を、実証的かつ理論的に明快に解きほぐした不朽の名著。恩師苅谷剛彦氏の著作で、私はこの1冊に感銘を受けて教育社会学を学ぶに至りました。複眼思考で社会システムを紐解き、欺瞞を打開するための確からしい一歩を踏み出すことはいかにして可能なのか？　襟（えり）を正されます。

②熊沢誠『能力主義と企業社会』（岩波新書、1997年）

問題の個人化を熊沢氏は「労働条件に関するとめどない〈個人処遇化〉」と表現し、問題視しますが、これが書かれたのは1997年のこと。鋭い着眼点と丹念な分析に目を見張りつつも、熊沢が警鐘を鳴らしたとおりのことがいまなお起きており……冷汗をかくような1冊。脱・能力主義／脱・問題の個人化にあたって、熊沢氏は労働組合にも目を向けており、理論的にも実践的にも示唆に富みます。

③濱口桂一郎『ジョブ型雇用社会とは何か　正社員体制の矛盾と転機』（岩波新書、202

1年）

巻にはびこる「ジョブ型」や「リスキリング」などの言説の誤りを痛快に指摘しながら、日本の雇用システムの現在地およびこれからを照らします。社会システムは理由があって現状に至るわけで、その背景を豊富な知識と、分析枠組みでズバリと提示する様は惚れ惚れします。

（2）脱・能力主義の実践としての組織開発入門書と呼ぶにふさわしい3冊

①宇田川元一『他者と働く「わかりあえなさ」から始める組織論』（NewsPicksパブリッシング、2019年）

言わずと知れた組織論の名著。サブタイトルに「『わかりあえなさ』から始める組織論」とあるとおり、そんな簡単に「分けて」「分かった」気になり、「分け合い」を決めることを信じ切っていいのか？　と問い、他者といかに対話的に連帯するか？　を詳らかにする稀有な1冊。人それぞれに「ナラティブ」があり、その違いが往々にして組織や関係性の溝を生むわけですが、そこにいかにして橋を架けるか？　ここまで易しく、優しく説く書籍があるでしょうか。何度読んでも、「わかりやすさ」を盲信する能力主義と対比して、枢要な姿勢がまとまっています。

②エドガー・H・シャイン『人を助けるとはどういうことか　本当の「協力関係」をつくる7つの原則』（金井壽宏監訳・金井真弓訳、英治出版、2009年）

人と人は違う。でもその違いに橋を架けることは可能だ、と先の『他者と働く』は教えてくれます。次いで欲しい情報は、「ではいかにして対人援助のプロジェクトとしてその橋を架け続けていけるか?」についてですが、そのヒントになるのがこちらの1冊です。他者といかに協働するか？　を支援・設計する立場の方はとくに必携でしょう。

＊

まず問題の個人化を逃れ、組織課題として対峙すること。そのうえで環境調整に不可欠な対話をいかに紡ぐかを教えてくれる2冊に次いで、最後にもう1冊。

本書でここまで述べてきたとおり、日本的な雇用慣習としてのメンバーシップ型雇用が一朝一夕には代えがたい労働のマジョリティを占めるとはいえ、未来永劫、現状のままでいいとは思えません。際して、人材マネジメント施策としていかに、これまで長く不在だった職務要件（ジョブ）を整えるか？　日本独特の雇用慣習を全否定せず、整合性をもっていかに「ジョブ」の明示を取り入れることができるか？　について葛藤する様も含めてよくまとまった1冊を紹介して稿を閉じましょう。

③加藤守和『日本版ジョブ型人事ハンドブック　雇用・人材マネジメント・人事制度の理論と実践』（日本能率協会マネジメントセンター、2022年）

帯に「最も核となる要素――それは、『職務記述書』と『職務評価』だ!!」とあるとおりの、脱・能力主義と言うは易し、「実際に現場でどうするのよ?」に応える1冊。脱・能力主義的な人材マネジメントの話になると必ずと言っていいほど、「総論賛成・各論反対」的な意見が噴出します。本書はその不安に寄り添いつつ、避けて通ることのできない「ジョブ型」の勘所を事例も含めて提示します。ここまで現場理解がありつつ、鳥の眼としての日本の雇用構造を深く理解した書籍は稀有でしょう。

［註］

〈はじめに〉

1　新潮選書、1992年

2　アンソニー・ギデンズ、*The Consequences of Modernity*（邦訳『近代とはいかなる時代か？　モダニティの帰結』（松尾精文・小幡正敏訳、而立書房、1993年）

〈第1章〉

1　『朝日新聞』1964年5月31日

2　二の句については追って解説しますので、「はず」としておきましょう。

3　詳しくは士族授産事案からの士族学校の興りなどを経ます。天野郁夫氏の歴史社会学的知見を参照ください。

4　藤田英典「学歴社会」（宮島喬・藤田英典編『文化と社会』放送大学教育振興会、1993年）

5　Thurow, *Lester C. Generating Inequality: Mechanisms of Distribution in the U.S. Economy*, Macmillan, 1975.

6　Spence, Michael. "Job Market Signaling", *The Quarterly Journal of Economics*, Vol. 87, No. 3, 1973.

7　濱中淳子『検証・学歴の効用』（勁草書房、2013年）

〈第2章〉

1　ところでウサイン・ボルトから陸上→長距離走→箱根駅伝なるものをふと思い出したのですが、学歴・学閥×スポーツというユニークな郷愁がある慣習の1つです。悲喜こもごもとはいえ、多くの人にとって

［註］

2　「思い入れ」があるのだと毎正月、思わされます。

3　苅谷剛彦『大衆教育社会のゆくえ　学歴主義と平等神話の戦後史』（中公新書、１９９５年）

4　「ホリエモン『学歴は究極のオワコン。これからの時代に必要なのは学歴ではなく〝学び歴〟だ』」（新R25、２０２０年10月９日）

5　「『賢い奴は今どき大学なんか行かない』　堀江貴文が持論展開『経済的に損』『進学しない方が得だって』」（ＪＣＡＳＴニュース、２０２２年５月２日）

6　Spence, M. "Job Market Signaling", *The Quarterly Journal of Economics*, Vol.87, pp.355-374, 1973.

7　盛田昭夫『学歴無用論』（文藝春秋、１９６６年）

8　国見健介「学生時代は優秀だったのに…『勉強』はできても『仕事』ができない人の共通点」（ゴールドオンライン、２０２４年３月９日）

9　田坂広志「なぜ、『勉強ができる人』は『仕事ができない人』になってしまうのか【書籍オンライン編集部セレクション】」（ダイヤモンドオンライン、２０２３年９月28日）

10　本田宗一郎の言葉とされているが、出典は定かではない。

11　本田健「貧乏、低学歴、病気がち…それでも松下幸之助が〝経営の神様〟になれたワケ」（プレジデントブックス、２０２１年４月15日）

12　『人事万華鏡　私の人の見方・育て方』（ＰＨＰ文庫、１９８８年）

13　Becker, G, *Human Capital third edition*, The University of Chicago Press, 1964.

14　「『学歴は浮輪。人生を泳ぎやすく』ロザン菅さんの勉強法指南本が人気『身の丈にあった勉強法』」（『産経新聞』２０１８年１月６日）

前掲の『産経新聞』記事

15 「ひろゆき氏、大学不要論に持論『学歴を軽視してはダメ』」（ライブドアニュース、2020年12月11日）
16 ちくま新書、2019年
17 前掲の松岡亮二『教育格差』
18 吉川徹・中村高康『学歴・競争・人生　10代のいま知っておくべきこと』（日本図書センター、2012年）
19 ちくま新書、2018年
20 東京大学出版会、2006年
21 ちくま新書、2009年
22 濱中淳子『検証・学歴の効用』（勁草書房、2013年）
23 阿部恭子、講談社現代新書、2023年
24 水月昭道、光文社新書、2007年
25 姫野桂、ちくま新書、2023年
26 福島直樹、小学館新書、2018年
27 「中学受験率が上昇、激化する生徒争奪戦　少子化、物価高…ハードルも」（産経ニュース、2024年8月8日）
28 新しいものだと、中村高康教授の指導学生であった豊永耕平氏の「中学受験選択を促すものは何か　階層・地域要因と中学受験の再生産」（東京大学大学院教育学研究科紀要、2019年3月）が示唆深い。
29 熊沢誠・山田潤訳、筑摩書房、1985年
30 佐藤郁哉、新曜社、1984年
31 打越正行、筑摩書房、2019年

32　有國明弘、『新社会学研究』（5）2021年7月
33　阿部真大、集英社新書、2006年
34　ちくま新書、2009年
35　ナカニシヤ出版、2018年
36　岩波新書、2009年
37　前掲の本田由紀『教育の職業的意義』
38　「学歴フィルターとは？ 現状や目的、活用するメリット・デメリットについて」（ミツカリ―人事担当者のための公式ブログ、2020年6月3日）より。
39　勅使川原真衣、どく社、2022年
40　前掲の勅使川原真衣『「能力」の生きづらさをほぐす』
41　現在はコーン・フェリー・ヘイ グループ。
42　「宇宙飛行士、12月から募集スタート　学歴不問に」（『日本経済新聞』、2021年11月19日）

〈第3章〉

1　岩波新書、1997年
2　ちなみに熊沢氏はこの引用の直後に「企業中心社会が企業社会をサラリーマンの競争と従属の界隈とする。社会のこのようなありかたは批判され、改革されなければならない」と明言している。
3　「【就職難易度は？】三井物産の採用大学ランキング―学歴フィルター，倍率，選考フローも」（就活の教科書、2024年6月23日）
4　「〝三井物産の採用大学レポート〟学歴フィルターとTOEIC点数を公開。採用をもらうための最低条件

とは？」（大手の〝学歴と年収〟リサーチ、２０２２年11月21日）

5 就活サイトＯＮＥ ＣＡＲＥＥＲ（https://www.onecareer.jp/）

6 「【１４０名の狭き門】三井物産の大学別採用実績を徹底解剖：三井物産編」（ＯＮＥ ＣＡＲＥＥＲ）

7 帝国データバンクの２０２０年6月時点の企業概要ファイル「ＣＯＳＭＯＳ２」（約１４７万社収録）から企業（個人、非営利、公益法人等除く）の社長出身大学データを抽出。約27万３０００人の出身大学をランキング形式で集計した図。

8 加藤守和『日本版ジョブ型人事ハンドブック　雇用・人材マネジメント・人事制度の理論と実践』（日本能率協会マネジメントセンター、２０２２年）

9 前掲の加藤守和『日本版ジョブ型人事ハンドブック』

10 濱口桂一郎『ジョブ型雇用とは何か　正社員体制の矛盾と転機』（岩波新書、２０２１年）

11 福沢諭吉『学問のすゝめ』（岩波文庫、１９７８年）

12 「『生活保護・住民税非課税世帯6千人調査』最終報告・政策提言を発表」（子どもの貧困対策センター公益財団法人あすのば、２０２４年11月26日最終公開）

〈コラム①〉

1 後藤宗明「会社で『生き残る』ために必要なスキル磨きのコツ　リスキリングを成功させる７つのポイント」（東洋経済オンライン、２０２３年9月11日）

2 「（膨張予算）巨額の基金、企業が仕切る　官から運営委託、補助金審査も」（朝日新聞デジタル、２０２３年10月20日）

3 「（日本経済の現在値：２）キャリアアップは一部だけ　13人に１人、25〜34歳の転職」（朝日新聞デジタ

ル、2021年10月21日）
4 「第207回国会 参議院 予算委員会 第3号 令和3年12月20日」（国会会議録検索システム）
5 岩波新書、2021年
6 日経リスキリングサミット2024
7 石原直子「リスキリングとは―DX時代の人材戦略と世界の潮流―」（2021年2月26日）
8 盛田昭夫『学歴無用論』（文藝春秋、1966年）

〈コラム②〉
1 「Googleが解明！心理的安全性の重要性とプロジェクトアリストテレスを解説」（Unipos HRコラム、2024年7月16日）

〈第4章〉
1 「成人スキル調査 2023：日本」（OECD、2024年12月10日）
2 「日本人の知力、24歳で頭打ち 『学べぬ大人』手薄な支援」（『日本経済新聞』、2024年12月10日）
3 勅使川原真衣『「能力」の生きづらさをほぐす』
4 株式会社AGPにより作成されたテストで、現在導入社数3000社ほどの実績を誇る適性検査とされている。リクルート社のSPI同様に、適性検査（心理検査）と基礎能力検査の二大構成になっているが、売りは、信頼係数という指数が、虚偽回答を暴く仕組みがあることだとされている。
5 勅使川原真衣『「能力」の生きづらさをほぐす』
6 勅使川原真衣、大和書房、2024年

7　小学館新書、2018年

〈第5章〉

1　OECD、2023年データ

2　武村司「マッキンゼーの7Sとは何か?図でわかりやすくフレームワークを詳解」（ビジネス+IT、2020年5月1日最終更新）

3　「通年採用・FRパスポート」（ファーストリテイリング新卒採用）

4　「星野リゾート、大学1、2年生も新卒採用選考に参加できる新制度、企業と学生が対等に相性確認できる仕組みも」（トラベルボイス=Yahoo!ニュース、2024年10月15日）

5　「富士通、ジョブ型で新卒を即戦力に　定型業務はAI任せ」（『日本経済新聞』2024年8月9日）

6　「こっちの企業『ガチャ』ないぞ　志向に合わせ、配属先や勤務地『確約』」（朝日新聞デジタル、2024年6月4日）

〈おわりに〉

1　「(インタビュー)働く尊厳、取り戻すために　政治哲学者、マイケル・サンデルさん」（朝日新聞デジタル、2025年1月24日）

2　日本経済新聞出版、2024年

3　文春文庫、2021年

［参考文献］

天野郁夫『学歴の社会史　教育と日本の近代』（新潮選書、１９９２年）

アンソニー・ギデンズ、*The Consequences of Modernity*（邦訳『近代とはいかなる時代か？モダニティの帰結』（松尾精文・小幡正敏訳、而立書房、１９９３年）

藤田英典「学歴社会」（宮島喬・藤田英典編『文化と社会』放送大学教育振興会、１９９３年）

Thurow, Lester C. *Generating Inequality: Mechanisms of Distribution in the U.S. Economy*, Macmillan, 1976.

Spence, Michael. "Job Market Signaling", *The Quarterly Journal of Economics*, Vol. 87, No. 3, 1973.

濱中淳子『検証・学歴の効用』（勁草書房、２０１３年）

苅谷剛彦『大衆教育社会のゆくえ　学歴主義と平等神話の戦後史』（中公新書、１９９５年）

盛田昭夫『学歴無用論』（文藝春秋、１９６６年）

松下幸之助『人事万華鏡　私の人の見方・育て方』（PHP文庫、1988年）
Becker, G, *Human Capital third edition*, The University of Chicago Press, 1964.
松岡亮二『教育格差　階層・地域・学歴』（ちくま新書、2019年）
吉川徹・中村高康『学歴・競争・人生　10代のいま知っておくべきこと』（日本図書センター、2012年）
吉川徹『学歴と格差・不平等　成熟する日本型学歴社会』（東京大学出版会、2006年）
吉川徹『学歴分断社会』（ちくま新書、2009年）
阿部恭子『高学歴難民』（講談社現代新書、2023年）
水月昭道『高学歴ワーキングプア「フリーター生産工場」としての大学院』（光文社新書、2007年）
姫野桂『ルポ　高学歴発達障害』（ちくま新書、2023年）
福島直樹『学歴フィルター』（小学館新書、2018年）
ポール・ウィリス『ハマータウンの野郎ども　学校への反抗・労働への順応』（熊沢誠・山田潤訳、筑摩書房、1985年）
佐藤郁哉『暴走族のエスノグラフィー　モードの叛乱と文化の呪縛』（新曜社、1984

年）
打越正行『ヤンキーと地元　解体屋、風俗経営者、ヤミ業者になった沖縄の若者たち』（筑摩書房、2019年）
有國明弘「学校で踊る若者は「不良」か？　ストリートダンスはどのようにして学校文化に定着したか？」（『新社会学研究』〈5〉2021年7月）
阿部真大『搾取される若者たち　バイク便ライダーは見た！』（集英社新書、2006年）
本田由紀『教育の職業的意義　若者、学校、社会をつなぐ』（ちくま新書、2009年）
本田由紀編『文系大学教育は仕事の役に立つのか　職業的レリバンスの検討』（ナカニシヤ出版、2018年）
濱口桂一郎『新しい労働社会　雇用システムの再構築へ』（岩波新書、2009年）
勅使川原真衣『「能力」の生きづらさをほぐす』（どく社、2022年）
熊沢誠『能力主義と企業社会』（岩波新書、1997年）
加藤守和『日本版ジョブ型人事ハンドブック　雇用・人材マネジメント・人事制度の理論と実践』（日本能率協会マネジメントセンター、2022年）
福澤諭吉『学問のすゝめ』（岩波文庫、1978年）

濱口桂一郎『ジョブ型雇用社会とは何か　正社員体制の矛盾と転機』（岩波新書、2021年）
勅使川原真衣『働くということ　「能力主義」を超えて』（集英社新書、2024年）
勅使川原真衣『職場で傷つく　リーダーのための「傷つき」から始める組織開発』（大和書房、2024年）
舟津昌平『経営学の技法　ふだん使いの三つの思考』（日本経済新聞出版、2024年）
姫野カオルコ『彼女は頭が悪いから』（文春文庫、2021年）

［図版作成］

二橋孝行：p69，70，73，96，106，108，110，111，157，159，168，170，187，191，205

宇梶勇気：p62，135

PHP新書

PHP INTERFACE
https://www.php.co.jp/

勅使川原真衣［てしがわら・まい］

組織開発専門家。1982年、横浜市生まれ。東京大学大学院教育学研究科修士課程修了。外資コンサルティングファーム勤務を経て2017年、組織開発を専門とする「おのみず株式会社」を設立。企業をはじめ病院、学校などの組織開発を支援。二児の母。2020年から乳がん闘病中。著書に『「能力」の生きづらさをほぐす』（どく社、紀伊國屋じんぶん大賞2024・8位）、『働くということ』（集英社新書、新書大賞2025・5位）、『格差の“格”ってなんですか？』（朝日新聞出版）など。

学歴社会は誰のため

PHP新書 1426

二〇二五年三月二十八日　第一版第一刷

著者――勅使川原真衣
発行者――永田貴之
発行所――株式会社ＰＨＰ研究所
東京本部――〒135-8137 江東区豊洲5-6-52
ビジネス・教養出版部 ☎03-3520-9615（編集）
普及部 ☎03-3520-9630（販売）
京都本部――〒601-8411 京都市南区西九条北ノ内町11
組版 制作協力――株式会社ＰＨＰエディターズ・グループ
装幀者――芦澤泰偉＋明石すみれ
印刷所――大日本印刷株式会社
製本所――東京美術紙工協業組合

ISBN978-4-569-85881-4

ＰＨＰ新書刊行にあたって

「繁栄を通じて平和と幸福を」（PEACE and HAPPINESS through PROSPERITY）の願いのもと、ＰＨＰ研究所が創設されて今年で五十周年を迎えます。その歩みは、日本人が先の戦争を乗り越え、並々ならぬ努力を続けて、今日の繁栄を築き上げてきた軌跡に重なります。

しかし、平和で豊かな生活を手にした現在、多くの日本人は、自分が何のために生きているのか、どのように生きていきたいのかを、見失いつつあるように思われます。そして、その間にも、日本国内や世界のみならず地球規模での大きな変化が日々生起し、解決すべき問題となって私たちのもとに押し寄せてきます。

このような時代に人生の確かな価値を見出し、生きる喜びに満ちあふれた社会を実現するために、いま何が求められているのでしょうか。それは、先達が培ってきた知恵を紡ぎ直すこと、その上で自分たち一人一人がおかれた現実と進むべき未来について丹念に考えていくこと以外にはありません。

その営みは、単なる知識に終わらない深い思索へ、そしてよく生きるための哲学への旅でもあります。弊所が創設五十周年を迎えましたのを機に、ＰＨＰ新書を創刊し、この新たな旅を読者と共に歩んでいきたいと思っています。多くの読者の共感と支援を心よりお願いいたします。

一九九六年十月

ＰＨＰ研究所

1201 未完の資本主義　ポール・クルーグマンほか［著］／大野和基［インタビュー・編］
1202 トイレは世界を救う　ジャック・シム［著］／近藤奈香［訳］
1219 本屋を守れ　藤原正彦
1223 教師崩壊　妹尾昌俊
1229 大分断　エマニュエル・トッド［著］／大野 舞［訳］
1231 未来を見る力　河合雅司
1233 男性の育休　小室淑恵／天野 妙
1234 AIの壁　養老孟司
1239 社会保障と財政の危機　鈴木 亘
1242 食料危機　井出留美
1247 日本の盲点　開沼 博
1249 働かないおじさんが御社をダメにする　白河桃子
1252 データ立国論　宮田裕章
1262 教師と学校の失敗学　妹尾昌俊
1263 同調圧力の正体　太田 肇
1264 子どもの発達格差　森口佑介
1271 自由の奪還　アンデシュ・ハンセンほか［著］／大野和基［インタビュー・編］
1277 転形期の世界　Voice編集部［編］
1280 東アジアが変える未来　Voice編集部［編］
1281 5000日後の世界　ケヴィン・ケリー［著］／大野和基［インタビュー・編］／服部桂［訳］
1286 人類が進化する未来　ジェニファー・ダウドナほか［著］／大野和基［インタビュー・編］
1290 近代の終わり　ブライアン・レヴィンほか［著］／大野和基［インタビュー・編］
1291 日本のふしぎな夫婦同姓　中井治郎
1298 子どもが心配　養老孟司
1303 ウイルス学者の責任　宮沢孝幸
1307 過剰可視化社会　與那覇潤
1315 男が心配　奥田祥子
1321 奇跡の社会科学　中野剛志
1326 ネイチャー資本主義　夫馬賢治
1328 「立方体が描けない子」の学力を伸ばす　宮口幸治
1331 何もしないほうが得な日本　太田 肇
1334 指導者（リーダー）の不条理　菊澤研宗
1336 虐待したことを否定する親たち　宮口智恵
1343 ディープフェイクの衝撃　笹原和俊
1356 先生がいなくなる　内田良／小室淑恵／田川拓麿／西村祐二
1362 老い方、死に方　養老孟司
1367 左利きの言い分　大路直哉

1236 韓国問題の新常識　Voice編集部[編]
1237 日本の新時代ビジョン　鹿島平和研究所・PHP総研[編]
1241 ウッドロー・ウィルソン　倉山 満
1248 劣化する民主主義　宮家邦彦
1250 賢慮(けんりょ)の世界史　佐藤 優/岡部 伸
1254 メルケル 仮面の裏側　川口マーン恵美
1260 中国vs.世界　安田峰俊
1261 NATOの教訓　グレンコ・アンドリー
1274 日本を前に進める　河野太郎
1287 トランプvsバイデン　村田晃嗣
1289 日本の対中大戦略　兼原信克
1292 タリバンの眼(め)　佐藤和孝
1297 誤解しないための日韓関係講義　木村 幹
1300 お金で読み解く世界のニュース　大村大次郎
1304 儲かる!米国政治学　渡瀬裕哉
1306 ウクライナ戦争における中国の対ロ戦略　遠藤 誉
1309 「動物の権利」運動の正体　佐々木正明
1325 台湾に何が起きているのか　福島香織
1327 政治と暴力　福田 充
1332 習近平三期目の狙いと新チャイナ・セブン　遠藤 誉
1354 北極海 世界争奪戦が始まった　石原敬浩
1384 新・宇宙戦争　長島 純
1387 台湾有事と日本の危機　峯村健司
1388 日本人の賃金を上げる唯一の方法　原田 泰
1398 日本企業のための経済安全保障　布施 哲
1403 自民党はなぜここまで壊れたのか　倉山 満
1404 気をつけろ、トランプの復讐が始まる　宮家邦彦
1410 13歳からの政治の学校　橋下 徹

[経済・経営]

187 働くひとのためのキャリア・デザイン　金井壽宏
379 なぜトヨタは人を育てるのがうまいのか　若松義人
450 トヨタの上司は現場で何を伝えているのか　若松義人
543 ハイエク 知識社会の自由主義　池田信夫
587 微分・積分を知らずに経営を語るな　内山 力
594 新しい資本主義　原 丈人
752 日本企業にいま大切なこと　野中郁次郎/遠藤 功
852 ドラッカーとオーケストラの組織論　山岸淳子
892 知の最先端　クレイトン・クリステンセンほか[著]/大野和基[インタビュー・編]
901 ホワイト企業　高橋俊介
932 なぜローカル経済から日本は甦るのか　冨山和彦
958 ケインズの逆襲、ハイエクの慧眼　松尾 匡

985 新しいグローバルビジネスの教科書 山田英二
998 超インフラ論 藤井 聡
1023 大変化――経済学が教える二〇二〇年の日本と世界 竹中平蔵
1027 戦後経済史は嘘ばかり 髙橋洋一
1029 ハーバードでいちばん人気の国・日本 佐藤智恵
1033 自由のジレンマを解く 松尾 匡
1080 クラッシャー上司 松崎一葉
1084 セブン-イレブン1号店 繁盛する商い 山本憲司
1088 「年金問題」は嘘ばかり 髙橋洋一
1114 クルマを捨ててこそ地方は甦る 藤井 聡
1136 残念な職場 河合 薫
1162 なんで、その価格で売れちゃうの? 永井孝尚
1166 人生に奇跡を起こす営業のやり方 田口佳史/田村 潤
1172 お金の流れで読む 日本と世界の未来 ジム・ロジャーズ[著]/大野和基[訳]
1174 「消費増税」は嘘ばかり 髙橋洋一
1175 平成の教訓 竹中平蔵
1187 なぜデフレを放置してはいけないか 岩田規久男
1193 労働者の味方をやめた世界の左派政党 吉松 崇
1198 中国金融の実力と日本の戦略 柴田 聡
1203 売ってはいけない 永井孝尚
1204 ミルトン・フリードマンの日本経済論 柿埜真吾
1220 交渉力 橋下 徹
1230 変質する世界 Voice編集部[編]
1235 決算書は3項目だけ読めばいい 大村大次郎
1258 脱GHQ史観の経済学 田中秀臣
1265 決断力 橋下 徹
1273 自由と成長の経済学 柿埜真吾
1282 データエコノミー入門 野口悠紀雄
1295 101のデータで読む日本の未来 宮本弘曉
1299 なぜ、我々はマネジメントの道を歩むのか[新版] 田坂広志
1329 51のデータが明かす日本経済の構造 宮本弘曉
1337 プーチンの失敗と民主主義国の強さ 原田 泰
1342 逆境リーダーの挑戦 鈴木直道
1348 これからの時代に生き残るための経済学 倉山 満
1353 日銀の責任 野口悠紀雄
1371 人望とは何か? 眞邊明人
1392 日本の税は不公平 野口悠紀雄
1393 日本はなぜ世界から取り残されたのか サム田渕
1414 入門 シュンペーター 中野剛志

［心理・精神医学］

103 生きていくことの意味 諸富祥彦
304 パーソナリティ障害 岡田尊司

364 子どもの「心の病」を知る　岡田尊司
381 言いたいことが言えない人　加藤諦三
453 だれにでも「いい顔」をしてしまう人　加藤諦三
862 働く人のための精神医学　岡田尊司
895 他人を攻撃せずにはいられない人　片田珠美
910 がんばっているのに愛されない人　加藤諦三
952 プライドが高くて迷惑な人　片田珠美
953 なぜ皮膚はかゆくなるのか　菊池 新
956 最新版「うつ」を治す　大野 裕
977 悩まずにはいられない人　加藤諦三
1063 すぐ感情的になる人　片田珠美
1091 「損」を恐れるから失敗する　和田秀樹
1094 子どものための発達トレーニング　岡田尊司
1131 愛とためらいの哲学　岸見一郎
1195 子どもを攻撃せずにはいられない親　片田珠美
1205 どんなことからも立ち直れる人　加藤諦三
1214 改訂版 社会的ひきこもり　斎藤 環
1224 メンヘラの精神構造　加藤諦三
1275 平気で他人をいじめる大人たち　見波利幸
1278 心の免疫力　加藤諦三
1293 不安をしずめる心理学　加藤諦三
1317 パワハラ依存症　加藤諦三
1383 高校生が感動した英語独習法　安河内哲也
1389 無理をして生きてきた人　加藤諦三
1419 前を向きたくても向けない人　加藤諦三
1420 歩く人はボケない　長尾和宏

［地理・文化］

592 日本の曖昧(あいまい)力　呉 善花
670 発酵食品の魔法の力　小泉武夫／石毛直道［編著］
705 日本はなぜ世界でいちばん人気があるのか　竹田恒泰
934 世界遺産にされて富士山は泣いている　野口 健
1119 川と掘割“20の跡”を辿る江戸東京歴史散歩　岡本哲志
1182 京都の通りを歩いて愉しむ　柏井 壽
1184 現代の職人　早坂 隆
1238 群島の文明と大陸の文明　小倉紀蔵
1246 中国人のお金の使い道　中島 恵
1256 京都力　柏井 壽
1259 世界と日本の地理の謎を解く　水野一晴
1268 韓国の行動原理　小倉紀蔵